Das Buch zur Fernsehserie

Copyright by EK-CONCEPT GMBH / RTLplus

Das Buch zur Fernsehserie ist eine Co-Produktion
RTLplus Programm-Marketing, EK-CONCEPT GMBH
und WWF World Wide Fund for Nature.

Verlag:
Hardtstraße 17, D-7101 Flein
Telefon: 07131/590910, Fax: 07131/590917
Steinweg 5, D-6000 Frankfurt am Main
Telefon: 069/280400, Fax: 069/288989

Idee:
Wolf-Tilmann Schneider, RTLplus

Producing:
MCS Medien Creativ Service GmbH, Hamburg

Mitarbeit:
Hella Oesterreich

Fotos:
Sielmann-Produktion, Deutsche Fox (S. 28, 29, 53), Dieter Hoese (S. 37, 45),
Gerd Kappes (S.40), Stefan Meyers GDT (S. 88/89), OKAPI (S. 84/85, 137),
Julius Roth (S. 153), Gerhard Steen (S. 21), Uwe M. Schmidt (S. 16, 22),
Uwe Schneider (S.16), Sigurd Tesche (S. 65, 138),
WWF-Bildarchiv (S. 6, 114/115, 137)

Layout und Satz:
TYPE & ART Creative Production GmbH, Buchholz/Hamburg

Projektmanagement und Gesamtherstellung:
MOHNDRUCK CREATIV SERVICE, Gütersloh

Nachdruck, auch auszugsweise, nur mit ausdrücklicher
Genehmigung und Quellenangabe gestattet.
Bezahlte Promotion: Seiten 17, 24/25, 68, 158/159

Printed in Germany

ISBN 3 - 928 742 - 04 - 3

Heinz Sielmann

Mein Leben

Für die Wildnis

Inhalt

"Naturzerstörung macht nicht an Ländergrenzen halt. Sie wirkt weltweit und betrifft uns alle. Die grundlegende Erkenntnis des WWF lautet daher:

Der Schutz des Lebensraums von Tier- und Pflanzenarten bedeutet letztlich die Sicherung der Lebensbasis für den Menschen."

SKH Prinz Philip
Herzog von Edinburgh

Präsident des WWF-International

Vor über 50 Jahren habe ich begonnen, die Wildnisse der Erde und ihre Tiere mit der Kamera festzuhalten. Hunderte Stunden von Naturdokumenten sind entstanden. Oft erstmalige, einmalige, nicht mehr wiederholbare Filmaufnahmen.

Bei dieser Tätigkeit auf sechs Kontinenten mußte ich erkennen, daß die Naturlandschaften dieser Erde immer mehr zu überbevölkerten Zivilisationslandschaften werden. Die roten Listen der vom Aussterben bedrohten Tiere und Pflanzen werden immer länger, und auch die Lebensvorraussetzungen von uns Menschen sind in Gefahr. Der zweite Besuch dieser Stätten im Rahmen meiner RTL plus-Serie "Sielmann 2000", und damit die vergleichende Betrachtung, ist nun mein Lebensziel. Das Bewußtsein der Menschen muß geschärft werden, und es müssen Perspektiven aufgezeigt werden, um die Natur für unsere Zukunft an der Schwelle des Jahres 2000 zu erhalten.

Mit meinem Buch "Sielmann 2000 - Mein Leben für die Wildnis" möchte ich Bilanz ziehen. Ich möchte zeigen, wie gefährlich wir die Landschaften unserer Erde vor, allem durch die erschreckende Zunahme der Erdbevölkerung und ihren wachsenden Anspruch, verändert haben. Ich möchte zeigen, was wir tun können, tun müssen, um letzte Naturlandschaften zu erhalten.

Heinz Sielmann

Die Brücken des Vogelzugs

Wie alles begann...

Vögel über Haff und Wiesen

Als ich zum erstenmal zu den Sumpfvögeln an die Haffufer ging, war es früher Morgen, noch dunkel, Anfang Mai. Ich war extra so früh aufgebrochen, damit ich noch vor Sonnenaufgang an den Wiesen sein konnte. Dichter Nebel nahm mir noch die Sicht, ich konnte nur die Gräser um mich herum erkennen.

Ich ging einen schmalen Wiesenweg entlang, der sich neben dem Schilfsaum des Haffs hinzog. Das "Frische Haff" meiner ostpreußischen Heimat: Bis vor die Tore Königsbergs, wo ich aufgewachsen bin, dehnten sich die Wälder, Wiesen und sumpfigen Niederungen, die so vielfältiges Tierleben bargen.

Kein Lufthauch bewegte die Gräser. Vor mir flog manchmal ein Kiebitz auf. Ich erkannte ihn am Schlag der Flügel und an seinen lauten ängstlichen Rufen. Niemals hatte ich das Erwachen eines Morgens schöner erlebt, als an diesem Tag. Wie eine weiße Scheibe stand die Sonne hinter den Nebelschwaden. Der Nebel fiel langsam, die Luft wurde klarer. Die zarten Wolkenschichten, die aus dem Nebel auftauchten, waren mit rötlichem Hauch überzogen.

Jetzt leuchteten die Wiesen schon in sattem Grün. Die Blüten öffneten sich für Insekten. Ich entdeckte vor mir eine kleine Bodenerhebung, von der aus man einen herrlichen Überblick über die Wiesen, das Schilf und das Haff haben mußte. Ich streckte mich aus, verschränkte die Arme hinter dem Kopf und ließ den Zauber des frühen Morgens und der unberührten Natur auf mich wirken. Da flogen Vögel hin und her, deren Namen ich nicht kannte. Ich konnte sie auch nicht auseinanderhalten. Und ich hätte gern gewußt, warum es von den Kampfläufern, der interessantesten Vogelart hier auf den Wiesen, nicht zwei gab, die gleich aussahen.

Das muß der entscheidende Morgen meines Lebens gewesen sein. Denn während ich so im dichten Gras lag, die Sonne wärmer und wärmer wurde, der Himmel über mir sich langsam tiefblau färbte und mich der betäubende Duft blühenden Schaumkrauts einhüllte - da erwachte in mir der Wunsch, all diese Wunder der Natur besser kennenzulernen. Ich wollte die Namen der Vögel wissen, wie sie lebten. Ich wollte ihre Rufe auseinanderhalten können und wissen, wie sie ihre Kinder zur Welt brachten. Bisher hatte ich mich nicht mehr für die Natur interessiert, wie andere Buben in meinem Alter auch. Doch hier, an diesem zauberhaften Morgen, war es reizvoll, mir vorzustellen, wie ich hier mehrere Brutzeiten hindurch beobachtete, wie die Vögel lebten. Es mußte doch möglich sein,

einen Teil der Rätsel, die die Natur hier aufgab, zu lösen.

Ich brauchte ein Fernglas. Das fand ich im Schreibtisch meines Vaters. Geduld hatte ich. Zeit nahm ich mir. Zwar hatte der liebe Gott vor meine Forschungen Schule und Hausaufgaben gestellt, doch das scherte mich wenig. Ich war 16 und voller Tatendrang.

Inzwischen hatte ich ein Gelände gefunden, das für meine Beobachtungen ideal war: Eine Halbinsel, zwei Kilometer lang, 500 Meter breit. Auf der einen Seite das Wasser des Haffs, auf der anderen der Pregelfluß. Ich legte mich auf den zwei Meter hohen Deich auf Beobachtungsposten. Durch das Fernglas meines Vaters bestimmte ich die Vogelarten, zählte ihre Vertreter. Zwölf Kiebitzpaare nisteten in meiner unmittelbaren Nachbarschaft, acht Paar Rotschenklige Wasserläufer, drei Paar Kampfläufer und drei von den Alpenstrandläufern. Die schönen Uferschnepfen, die "Storchenschnepfen", lebten in der feuchten Mitte der Halbinsel.

Um mich herum wohnten Haubentaucher, Wasserhühner, Knäk- und Löffelenten. Am Himmel kreisten Milane, Rohrweihen und Schreiadler aus dem nahen Forst. Aus dem Schilf riefen die Rohrdommel und der Drosselrohrsänger. Am meisten faszinierten mich jedoch die schnepfenartigen Wiesenvögel, Uferschnepfen, Rotschenkel und Strandläufer. Doch die sicher erstaunlichsten Bewohner der Haffwiesen waren die Kampfläufer. Kein Männchen gleicht

Foto links
Die Ufer- oder Pfuhlschnepfe mit der stattlichen Größe von 45 cm braucht als Nistplatz ausgedehnte feuchte Wiesen, die zum größten Teil zu Ackerland umgewandelt wurden, so daß die Schnepfenvögel recht selten geworden sind.

Der Große Brachvogel ist der größte Vertreter der Limicolen, der Schnepfenvögel. In der Balzzeit ertönen seine weittönenden Balzrufe, die zu den eindrucksvollsten Stimmen der Wiesen-, Bruch- und Moorlandschaften gehören.

da dem anderen. Ihre Federn sind unterschiedlich gefärbt. Natürlich mußte das eine biologische Bedeutung haben. Aber welche? Ach, ich wünschte mir so sehr einen Fotoapparat, um festzuhalten und auszuwerten, was ich noch nicht verstand. Doch leider machte mir die Schule wieder einen Strich durch die Rechnung: ein "blauer" Brief kam an, meine Versetzung war gefährdet. Ich hatte über meinen Vögeln die Schularbeit verschlampt. Vater zog sein Fernglas ein, doch meine Mutter verbündete sich heimlich mit mir. Sie kaufte mir die beste Kamera, die es damals gab, eine Mentor-Spiegelreflex im Format 9 x 12 mit Zeiss-Teleobjektiv von 300 Millimetern Brennweite. Mit dieser erstklassigen Ausrüstung war es mir möglich zu dokumentieren, was ich bisher nur durchs Glas gesehen hatte.

Freund Adebar, der Weisse Storch, war einst wie sein Vetter, der Schwarzstorch, ein scheuer Waldvogel. Obwohl er sich dem Menschen anschloß, ist er durch das Trockenlegen der Wiesen, durch Nahrungsmangel und Verdrahtung der Landschaft in seinem Bestand alarmierend zurückgegangen.

Foto Seite 8/9
Weite, menschenferne Wiesen und Moorlandschaften sind bei uns selten geworden. In diesem Refugium der schnepfenartigen Wiesenvögel begann ich während der Schulzeit meine Foto- und Forschungsarbeiten.

Ich lernte viel in jener Zeit. Vor allem, mich gut zu tarnen, wenn ich die scheuen Vögel aufs Bild kriegen wollte. Ich baute mir einen Ansitzbunker, gut mit Gras und Zweigen zugedeckt, der mir herrliche Bilder aus der "Froschperspektive" erlaubte. Endlich konnte ich die Tiere in ihrem Nest beobachten. Auf meinen Haffwiesen gab es zu jener Zeit viele Erdlöcher, die mit Gras abgedeckt waren - alle meine Ansitzbunker vor den verschiedenen Nestern.

Meine Eltern wußten nicht so recht, was sie von meiner Arbeit als "Vogelforscher" halten sollten. Es gefiel ihnen, daß ich mich in so jungen Jahren

Als ich vor mehr als 50 Jahren mit dem Tierfilm begann, konnte ich nur davon träumen, die grünen Wiesen und die bunten Vögel im Farbfilm dokumentieren zu können.

Die Wanderdünen der Kurischen Nehrung - die "Brücke des Vogelzuges".

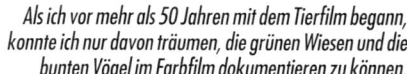

Bei den Kampfläufern gibt es nicht zwei Männchen, die sich in Farbe und Musterung vollkommen gleichen.

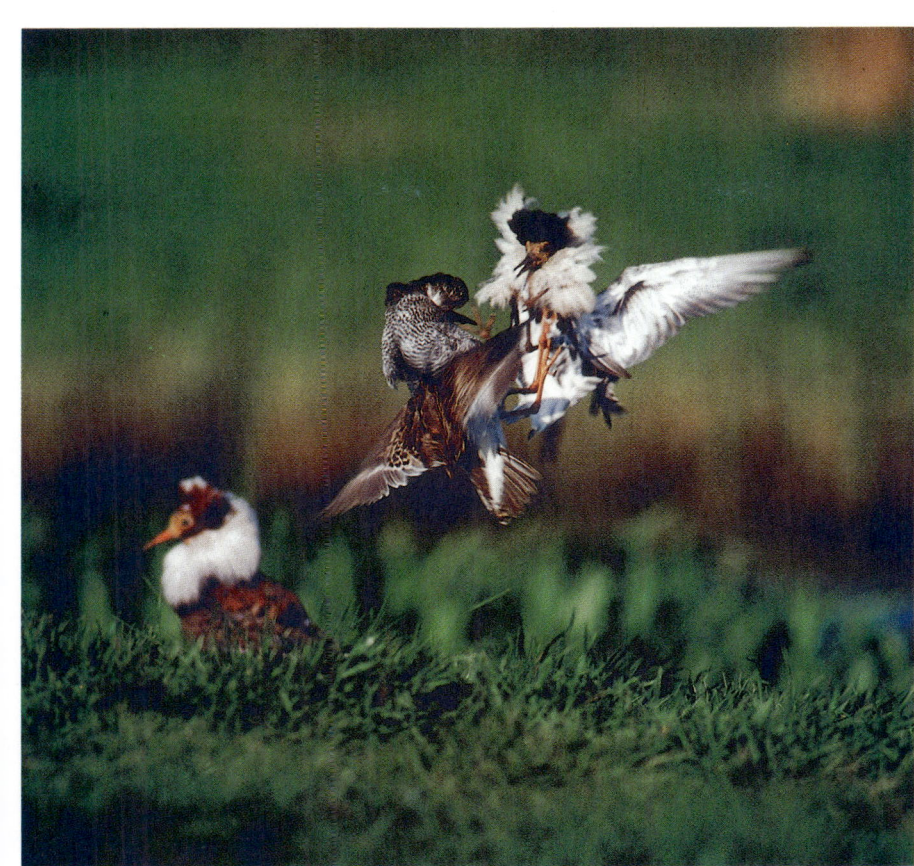

In den verlängerten Herbstferien der Schule durfte ich als Mitarbeiter der Vogelwarte Rossitten an den Zählungen der durchziehenden Vogelscharen teilnehmen.

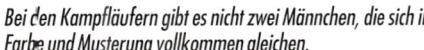

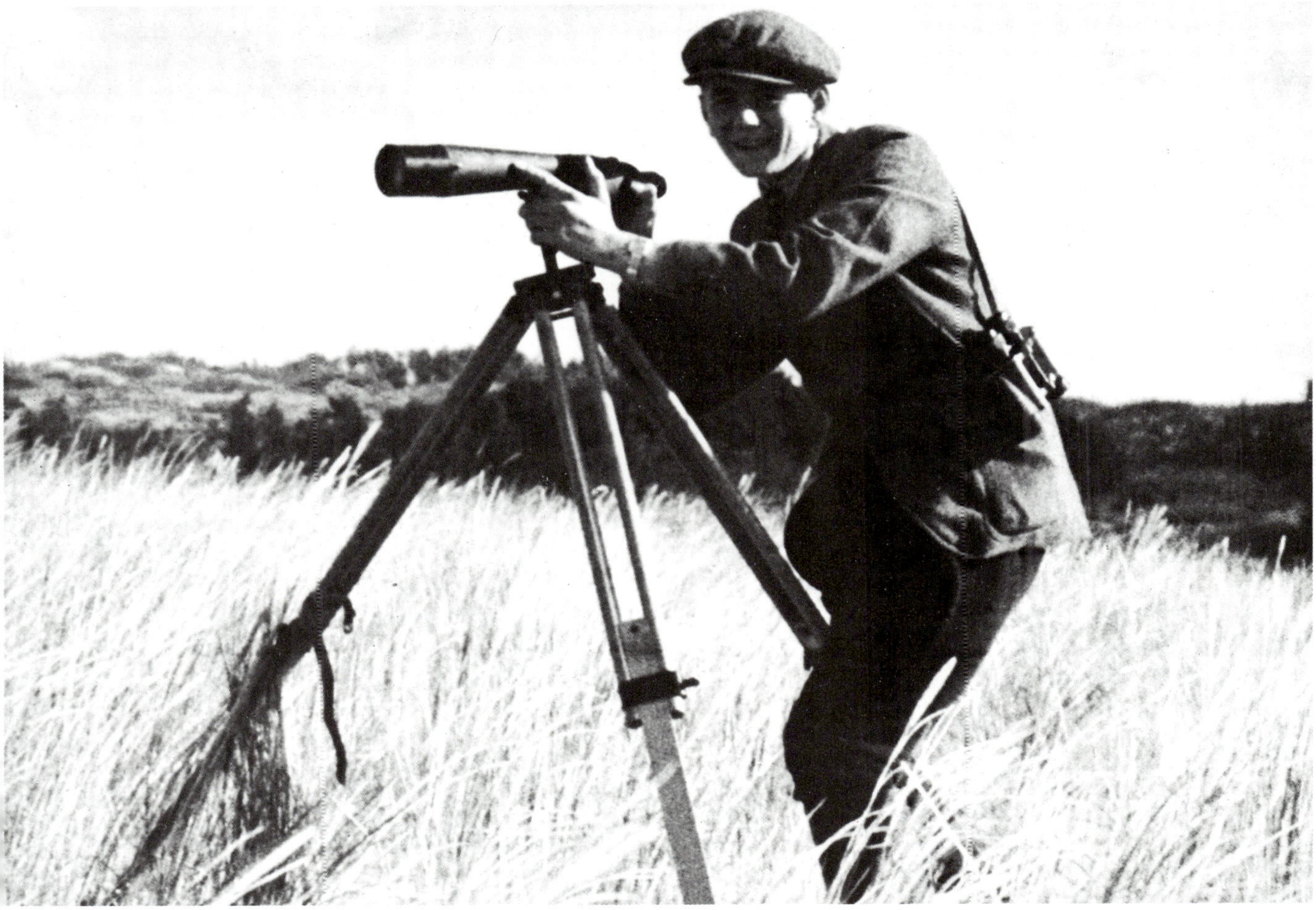

um die Natur bemühte. Es gefiel ihnen nicht, daß ich darüber meine schulische Ausbildung schleifen ließ. Tiere beobachten war damals noch kein Beruf, nur Hobby. Und die Lehre über die modernen Verhaltensforschungen bei Tieren nahm gerade erst ihren Anfang.

In Fachkreisen wußte man, daß das, was ich tat, sehr wohl zu einem Beruf werden konnte. Doch mein Vater war Chemiker, Inhaber eines kaufmännischen Betriebes. Er meinte, vom Vögelbeobachten würde ich mich später sicher nicht ernähren können. Er hatte unrecht. Und Gott sei Dank hat er einen Teil meiner Erfolge noch erlebt.

Rossitten

Damals war ich Sekundaner. 18 Jahre alt. Professor Dr. Koehler, Direktor des Zoologischen Instituts und Museums und auch Leiter der "Gesellschaft der Freunde des Zoologischen Museums" in Königsberg, schickte mir eines Tages eine Einladung, vor seinen Mitgliedern einen Vortrag zu halten. Da stand ich dann vorne am Rednerpult, mein Lampenfieber wuchs ins Gigantische. Doch nach den ersten Sätzen lief alles wie am Schnürchen. Die Fotos

taten ein übriges: der Beifall war groß.

Von da an ging's bergauf. Ich bekam beachtliche Zeitungsrezensionen, die selbst meine Lehrer beeindruckten. Das war auch nötig, denn meine Leistungen in der Schule wurden immer miserabler. Die Vögel auf den Haffwiesen interessierten mich einfach mehr.

Durch die Vorträge, die ich nun regelmäßig hielt, bekam ich großartige Kontakte zu Ornithologen und zu zoologischen Instituten. Dadurch hörte ich dann von der Vogelwarte Rossitten, von der "Kurischen Nehrung", der weltberühmten Brücke des Vogelzugs.

In Rossitten wurden in der Herbstzeit immer Kurse abgehalten, da liefen Vorträge, trafen sich praktisch alle wichtigen Männer der wissenschaftlichen Welt. Bald hielt auch ich dort meinen ersten Vortrag. Und für mich unvergeßlich: der Gründer der Vogelwarte, Professor Dr. Johannes Thienemann, drückte mir die Hand und beglückwünschte mich zu meinen Dokumentationen. Er wünschte mir Glück für die Zukunft. Dieses Glück blieb mir bis heute treu.

Jetzt war ich jeden Herbst, zur Zeit des Vogelzugs, auf der Kurischen

Nehrung und in Rossitten. Die Kurische Nehrung, eine schmale Landzunge zwischen Ostsee und Kurischem Haff, 97 Kilometer lang, ein paar Kilometer breit, liegt vor Königsberg, heute Kaliningrad. Zu meiner Zeit gehörte der südliche Teil zu Ostpreußen, der nördliche zu Litauen. Heute ist sie russisch.

Hier machen Vögel auf ihrem Weg in den Süden Rast. An guten Tagen bewegen sich hier eine halbe Million Vögel: Graugänse, Kraniche, Rabenvögel, Lerchen, Meisen, Spechte, Eichelhäher. An der schmalsten Stelle der Nehrung liegt die Vogelwarte Rossitten.

Gegründet hat sie der besagte Johannes Thienemann, Pfarrer und Ornithologe. Schon mit zehn Jahren hatte er Buch geführt über das Leben der Vögel. Thienemann wurde Pfarrer, weil es Familientradition war. Aber 1901 gründete er die Vogelwarte in dem Dörfchen Rossitten, in das er inzwischen gezogen war.

Nach schwierigsten Anfängen begann ein gewaltiges Arbeitspensum. Hauptaufgabe war, die Zugvögel nach Art, Alter, Geschlecht, Gewohnheiten, nach An- und Abflugzeiten zu erfassen. Thienemanns größtes und blei-

bendes Verdienst war es, daß er das Beringen der Vögel eingeführt hat. Noch heute ist das Beringen ein wichtiges Verfahren, um das Leben der Zugvögel zu verfolgen.

1938 starb Professor Thienemann in Rossitten. Als sein Sarg unter großer Anteilnahme aus der Kirche getragen wurde, erlebten die anwesenden berühmten Ornithologen, Freunde und Dorfbewohner etwas Seltsames: Unmittelbar über dem Sarg kreiste plötzlich ein Seeadler und begleite den Zug durch das ganze Dorf.

Ich half in den Herbstferien wieder auf der Kurischen Nehrung aus, als ich den Forstmeister Dr. Horst Siewert kennenlernte. Er war Leiter der "Forschungsstelle deutsches Wild", ein Pionier einer neuen Art von Tierfilmen - und ganz schnell mein Idol. Von ihm lernte ich, das Leben der Tiere mit ihren natürlichen Verhaltensweisen zu zeigen. Von da an wollte ich unbedingt Tierfilmer werden.

Norderoog

Bei meiner Arbeit auf Rossitten lernte ich hervorragende Feld-Ornithologen kennen. Mit einem freundete ich mich besonders an. Er hieß Rudolf Mangels, ein Berufs-Ornithologe der Vogelwarte. Er war besonders sympathisch, so daß ich mich bei ihm und seiner jungen Frau wohlfühlte.

Mangels hatte sich immer schon besonders für das Wattenmeer und die Vogelinseln interessiert. Das Wattenmeer ist ja geradezu ein Schlaraffenland für die Vogelschwärme, die durchziehen. Ein gewaltiges Nahrungsreservoir. Die Inseln, allen voran Norderoog, sind nicht nur Brutgebiet, sondern vor allem Übersommerungsgebiet für Tausende von Vögeln. Besonders für noch nicht geschlechtsreife Männchen.

Norderoog liegt westlich der Insel Pellworm und südlich der Hallig Hooge

Foto links
Nach fast 50 Jahren kehre ich zurück zur ehemaligen Vogelwarte Rossitten. Russische Ornithologen haben das Lebenswerk von Johannes Thienemann fortgeführt. In Ulmenhorst gibt es heute eine der modernsten und größten Fangreusen für die Vogelberingung, und auf dem Friedhof von Rossitten ist die Grabstätte von Thienemann als Hommage der russischen Kollegen mit einem grünen Metallkranz geschmückt.

Eine der Attraktionen der Vogelhallig Norderoog ist die große Kolonie der Brandseeschwalben.

Die einzige Behausung auf Norderoog war die Schutzhütte des Vogelwärters. Auf hohen Pfählen war man auch bei "Land unter", bei Sturmfluten, sicher. Heute gibt es zwei Behausungen, so daß auch Wissenschaftler und Hilfskräfte Wohnraum haben.

Sturmfluten und Eisgang nagen an der kleinen Hallig. Jugendgruppen helfen in den Sommerferien, Uferschutzanlagen zu bauen und entstehende Schäden zu reparieren.

Eine andere Aktion von Jugendgruppen zum Schutz der Hallig ist das Pflanzen von Seegras.

Vor allem die Austernfischer, die dicht bei der Schutzhütte nisten, sind oft geradezu paradiesisch vertraut.

Tier und Mensch –

Die Natur brauchen beide

Alle Menschen sind verpflichtet, unsere Umwelt und die Existenz der Tier- und Pflanzenwelt zu erhalten. Aktive Beiträge sind von allen Gesellschaftsgruppen zu leisten, vom einzelnen Bürger bis zum Industriebetrieb.

Das Bertelsmann-Unternehmen Mohndruck sieht sich mit dem Thema Umweltschutz einer besonderen Verantwortung gegenübergestellt. Zum einen verpflichtet schon unsere Tradition Management und Mitarbeiter, in vorbildlicher Weise Umweltschutz als Bestandteil der Unternehmenskultur aufzugreifen, umzusetzen und unseren Mitmenschen nahezubringen. Zum anderen steht Mohndruck als Druckerei einer kritischen Öffentlichkeit gegenüber.

Die **Mohndruck-Umweltgrundsätze** bündeln Vorstellungen und Inhalte zu einem ganzheitlichen Umwelt-Konzept. Im partnerschaftlichen Dialog mit unseren Mitarbeitern streben wir die umweltgerechte Ausrichtung aller Produktionsprozesse sowie die Herstellung umweltverträglicher Produkte an. Umweltschutz bei Mohndruck ist natürlich nicht nur auf die internen Strukturen und Prozesse ausgerichtet. Vielmehr kommunizieren wir den Umweltgedanken insbesondere auch gegenüber unseren Kunden und Lieferanten sowie gegenüber der breiten Öffentlichkeit. Denn erst das Wissen über ökologische Zusammenhänge kann Bewußtsein, Sensibilisierung und Verhaltensänderung bei Mitarbeitern, Kunden und Lieferanten in Richtung umweltbewußten Handelns bewirken. Hier hat Mohndruck erfolgreich gehandelt:

- Der Initiativkreis „Umwelt", dem Mitarbeiter, externe Sachverständige und Vertreter der Umweltschutzverbände angehören, findet sich regelmäßig zusammen, um neue Initiativen umzusetzen und die Fortschritte unserer Umweltaktivitäten zu überwachen.

- **Umwelt-Seminare und -Foren** dienen der Information, Weiterbildung und Sensibilisierung von Kunden und Mitarbeitern.

- **Engagement auf kommunaler Ebene** zeigt Mohndruck durch gemeinsame Umweltschutz-Projekte mit Städten und Gemeinden.

- Der **Mohndruck-Umweltpreis** wird für Diplomarbeiten vergeben, um den Umweltschutzgedanken im Hochschulbereich, also bei unserem Nachwuchs, zu fördern.

- Unsere **Öko-Bilanz** dokumentiert die Umweltverträglichkeit der Mohndruck-Produktionsprozesse und -Produkte.

Wir wollen für die Umwelt ein kompetenter Partner sein – heute und in Zukunft.

MOHNDRUCK
Graphische Betriebe GmbH

in der Schutzzone des "Nationalpark Schleswig-Holsteinisches Wattenmeer".

Watten- und Marschländer der Nordseeküste waren im Lauf der Jahrtausende einem ständigen Wechsel von Werden und Vergehen ausgesetzt. Stürme und Orkane zerstörten, was Menschen in Jahren aufgebaut hatten. Oft versanken in einer einzigen Nacht ganze Landstriche. Nur Reste des einst bewohnten Landes sind stehengeblieben, die Halligen, die Inseln im Wind. Es wohnen wieder Menschen dort, aber gesichert auf hohen Warften. Das sind Erdhügel zum Schutz gegen die Flut.

Einige der Inseln blieben jedoch für immer unbewohnt: Mellum, Memmert, Trischen, Scharhörn, Habel, Lütje Hörn und Norderoog.

Norderoog hat eine Besonderheit aufzuweisen: Sie wurde im Jahr 1901 für ganze 12 000 Goldmark an den "Verein Jordsand" verkauft. Das waren ein paar gut betuchte verläßliche Hamburger Kaufleute, die schon sehr früh erkannten, daß der wirkungsvollste Naturschutz darin besteht, eine solche Kostbarkeit, so eine winzige Insel voller Vögel, zu kaufen. Und damit allen Ärger und alle Unannehmlichkeiten mit der Kommunalpolitik auszuschließen.

Damals hatte die Hallig allerdings noch gut 18 Hektar Grünland. Sturmfluten und das Eis im Winter knabberten Stück für Stück ab. 1970 hatte sie schließlich nur noch 7.8 Hektar.

Dann setzte man Jugendgruppen ein, die freiwillig in ihren Ferien halfen, die Insel wieder aufzurüsten. Sie tun es heute noch, erstellen oder reparieren alljährlich mit Unterstützung des Amtes für Land- und Wasserwirtschaft die Uferschutzanlagen. Dank dieser Hilfe hat die Insel heute wieder 10 Hektar Grünland und bietet 30 000 Seevögeln optimale Brutplätze und vielen einen Rastplatz bei Hochwasser.

Als die Insel dem Verein gehörte, unternahm er sofort umfangreiche Schutzmaßnahmen für die Bewohner dieses Eilandes, die Vögel. Zu allererst wurde ein Vogelwart eingesetzt, der die ganze Brutzeit hier lebte. Denn Norderoog ist besonders bedroht. Es ist nicht weit entfernt von einer der bewohnten größeren Halligen, von Hooge. Dahin kann man mit dem Dampfer fahren. Es gibt Jugendherbergen und Unterkünfte für erholung-

Von der idyllischen Hallig Hooge kann man bei Ebbe bequem
zu Fuß nach Norderoog gelangen.

Die alte Schutzhütte von Norderoog mit dem "Vogelkönig"
Jens Sörensen Wand, mit dem ich zwei Wochen
zusammenlebte.

Jens hilft mir beim Aufstellen meines Tarnzeltes am Rande einer Seeschwalbenkolonie.
Die alte Spiegelreflexkamera, eine Mentor, im Format 9x12, mit einem Teleobjektiv von 300
mm Brennweite, machte sehr gute Aufnahmen - leider gab es noch keinen Farbfilm!

suchende Städter. Und von Hooge aus kann man wunderbar zu Fuß in kurzer Zeit über das Watt zu der berühmten Insel der Vögel marschieren. Es ist herrlich, ich habe es selbst ausprobiert. Es strengt zwar die Beinmuskulatur an, aber zwischen den Zehen passiert einem gar nichts, weil es kein Kribbel-Krabbel in der Matsche des Watts gibt.

Würde auf Norderoog nicht ein Vogelwart sein, der die interessierten Besucher in Empfang nimmt und sagt: Leute, nun kommt mal alle schön hier bei mir zusammen. Ich hab' hier eine große schöne Tafel, auf der steht, was hier brütet, was ein Zug- oder ein Rastvogel ist. Aber bitte, ich führe Euch jetzt durch einen Teil dieser Insel, die den Vögeln gehört, bitte bleibt immer hinter mir. Schön im Gänsemarsch. Ihr seht dann, wie der Austernfischer "twi-twi-twi" schimpft, wie die Seeschwalben attackieren, wenn wir reingehen in die Kolonien. Wenn ihr da alleine gehen würdet, es gäbe fürchterliche Schäden. Seht die Eier! Sie sehen aus wie Kieselsteine. Alles Tarnung. Und die Jungen! Ihr würdet sie tottreten, weil ihr Gefieder dem Untergrund so gut angepaßt ist.

Die Vogelwarte soll dem interessierten Städter das Naturerlebnis nicht verweigern. Im Gegenteil! Sie soll ihn aufklären, ihm die Augen öffnen für die Schönheit dieser Natur. Doch immer unter der Voraussetzung der drei "W": Wann, wo und wie lange kann ich mich am Standort einer gefährdeten Tierwelt aufhalten.

Ich kam mit Rudolf Mangels schon als Jugendlicher auf die Insel. Da begegnete ich einem Mann — kauziges Gesicht, gegerbte Haut, Haare und Bart wild ums Gesicht gewachsen, die Beine in Sackleinwandhosen: Jens Sörensen Wand, genannt "König von Norderoog" oder auch "Vogelkönig". Er war der Vogelwart und als Original berühmt. Er lebte vom ersten Frühlingstag bis zu den Herbststürmen auf Norderoog - in einer kleinen Hütte, die auf Pfählen stand, kaum groß genug für ein Bett und einen Tisch. Zum Glück hatte das Bett noch ein Stockwerk, denn ich blieb den ganzen Sommer lang bei ihm. Was ich mir heute noch als Verdienst anrechne, denn die ganze Zeit bekam ich wenig Schlaf - der Bursche schnarchte wie ein Walroß. Die kleine Hütte hielt auch alle Dünste fest.

Doch was ist das für einen jungen Forscher schon. Die Vögel hielten mich sowieso wach. Nie wurde es richtig dunkel um diese Zeit. Die Nächte waren erfüllt vom Schreien, vom Kommen und Gehen tausender fütternder Vögel. Denn der Wattboden beherbergt eine ungewöhnliche Fülle an Leben: sinnvoll, in Etagen geschichtet, beleben und durchdringen ihn Würmer, Muscheln und kleine Krebse. Alles Leckerbissen für die Vögel.

Auch heute ist das Wattenmeer von hohem wirtschaftlichen Wert. Der Nordseefischfang lebt beispielsweise davon, weil Fische wie Schollen, Seezungen, Heringe, Kabeljau oder Garnelen hier ihre Kinderstuben haben. Auch die Seehunde leben vom Watt: sie haben genügend Fisch als Nahrung und Sandbänke, die zwischen den Sielen liegen und bei Ebbe trockenfallen, als Ruheplätze.

Doch die schleichende Zerstörung dieses wichtigen Lebensraumes hat schon begonnen. Unsere Flüsse transportieren ihre Abwasserfracht zur Küste, entleeren sie ins Watt. Das arbeitet jetzt zwar noch wie eine riesige natürliche Kläranlage, aber wie lange noch? Ölverschmutzung, Giftstoffe, in die Nordsee gekippt, lassen das so wunderbar eingespielte ökologische System absterben. Zudem drängt die Industrie zur Küste. Wattflächen werden eingedeicht, um Platz für neue Industrieansiedlungen zu schaffen. Veränderungen, deren volle Auswirkungen noch gar nicht abzusehen sind. Es darf nicht dazu kommen, daß Baumaschinen ins Watt rollen. Daß Tausende von Tieren ihre Nahrungsplätze verlieren, von den Rastplätzen ganz zu schweigen. WWF kämpft in Deutschland, Dänemark und Holland um die Erhaltung des Watts als Naturschutzraum. In Schleswig-Holstein, Niedersachsen und Hamburg gibt es bereits drei Wattenmeer-Nationalparks. Aber ohne Aufklärung tut kein Politiker einen Handstreich. Deshalb beteiligt sich WWF auch am Aufbau des "Wattenmeer-Nationalparkhaus" in Wilhelmshaven. Seine Hauptaufgabe wird die Bildungs- und Informationsarbeit sein. Wirkungsvoller Wattenschutz ist auf die Kooperation der Anrainerstaaten angewiesen. Der WWF hat daher in Dänemark, Deutschland und den Niederlanden Projektleiter stationiert, die eng zusammenarbeiten und durch ge-

meinsame Aktionen mit anderen Naturschutzverbänden auch auf politischer Ebene den Schutz dieser einmaligen Landschaft voranbringen. Die Verhinderung weiterer Eindeichungen von Wattflächen und Salzwiesen, des Abbaus der herkömmlichen Nutzungen in den Nationalparks und Verzicht auf Abbau von Bodenschätzen und Industrialisierung sind, neben der Lenkung des wachsenden Fremdenverkehrs, wichtige Anliegen.

Zwischen Darß und Müritz

Bei uns im Westen Deutschlands herrscht immer noch der Eindruck vor, Ostdeutschland sei ein einziges Katastrophengebiet, vergammelt, verseucht, vergiftet. Doch das stimmt nicht. Die Umweltzerstörung ist zwar gewaltig, aber es gibt sie noch, die einzigartigen Naturlandschaften, die unbedingt erhalten werden müssen. Ein Beispiel: der Schalsee im früheren Grenzbereich zwischen Schleswig-Holstein und Mecklenburg. Wo Stacheldraht, Hunde und Gewehre die Menschen fernhielten, konnten sich viele seltene Pflanzen- und Tierarten um so ungestörter entwickeln. Dieses Naturparadies beherbergt Fischotter, Seeadler, Eisvögel, Sumpfschildkröten und Ringelnattern. Das Gebiet ist zudem Rastplatz für Tausende von Zugvögeln. Seit mehr als 15 Jahren kümmert sich der WWF um den See. Nach der Vereinigung von Ost und West hat WWF sofort "zugeschlagen": am Ostufer des Sees wurden Bojen angebracht, um wichtige Zonen, in denen Vögel brüten, für eventuelle Wassersportler zu kennzeichnen. Ein flächendeckendes Naturschutzprogramm ist geplant.

In Niedersachsen-Anhalt liegt das "Land der tausend Gräben", der Drömling. Ein 25 000 Hektar großes Feuchtgebiet, das unbedingt erhalten bleiben muß. Im künftigen Nationalpark "Sächsische Schweiz" gilt es, die einzigartigen Felslandschaften des Elbsandsteingebirges mit der artenreichen Fauna und Flora zu erhalten, grenzüberschreitend zur CSFR. Und an Oder und Neiße sollen wertvolle Feuchtgebiete beiderseits der deutsch-polnischen Grenze mit Hilfe des WWF geschützt werden. In Brandenburg för-

In der Region Rügen-Bock versammeln sich auf dem Herbstzug an die 40.000 Kraniche, vorwiegend aus den skandinavischen Brutgebieten. In Niedersachsen und Schleswig-Holstein hat es die WWF-Projektgruppe Kranichschutz geschafft, durch Biotopgestaltung und Schaffung von Ruhezonen den Bestand der Kraniche von 19 Brutpaaren im Jahr 1972 auf 90 Brutpaare zu vermehren.

Daß sich ausgerechnet im Raum Rügen-Bock die durchziehenden Kraniche ein Stelldichein geben, hat mehrere Gründe. Dort gibt es für die scheuen Vögel besonders große, übersichtliche Monokulturen. Die Stoppelfelder wurden nicht, wie im westlichen Teil Deutschlands, durch EG-Richtlinien bereits 2-3 Tage nach der Ernte für die Fruchtfolge gepflügt. Aber auch die riesigen Maisfelder bieten den Vögeln ein besonders günstiges Nahrungsangebot.

dert der WWF das "Ramsar"-Gebiet an der Unteren Havel. Dieses 5800 Hektar große Feuchtgebiet ist Brutstätte vieler gefährdeter Vogelarten, Rastplatz für Tausende von Wildgänsen und anderen Wasservögeln.

An der Ostseeküste werden Nationalparks und Biosphärengebiete aufgebaut. Das Ostufer der Müritz, seit langem Naturschutzgebiet, soll den Kern eines 30 000 Hektar großen Nationalparks bilden, in dem Reservate für Tiere, landwirtschaftlich genutzte Flächen und Erholungsgebiete für Touristen harmonisch nebeneinander existieren.

Fünf neue Nationalparks sind im Osten Deutschlands bereits geplant. Mit fachlicher und finanzieller Unterstützung des WWF ist es gelungen, noch kurz vor der Vereinigung in einem umfassenden Programm 5 Nationalparks, 6 Biosphärenreservate und 3 Naturparks zu gründen. Damit stehen über zehn Prozent der neuen Länder unter Naturschutz - gegenüber nur einem Prozent in den alten Bundesländern. Die Regierung hat das Schutzprogramm bereits gebilligt. Doch Naturschutz ist bei uns Ländersache, der Bund hat nur eine unterstützende Rahmenkompetenz. Wirtschaftsorientierte Verbände versuchen bereits, die bestehenden Rechtsvorschriften zu unterlaufen. Zu verlockend, was da alles gebaut werden könnte: Straßen, Industrien, Touristenzentren, Jachthäfen, Feriensiedlungen. Die Landschaften

sind bedroht. Doch ein so kostbares Kapital, das die ehemalige DDR da in das vereinigte Deutschland eingebracht hat, muß bewahrt werden.

Der WWF konzentriert sich daher besonders darauf, das System der fünf neuen Nationalparks und der anderen großflächigen Schutzgebiete zu fördern und zu entwickeln. Durch eine bundesweite Unterschriftenaktion fordert der WWF die Bundesregierung und die Landesregierungen auf, diese einmalige Chance zu nutzen und die großflächigen Naturschutzgebiete für die Nachwelt zu erhalten.

Der erste der neuen Nationalparks ist der **"Müritz-Nationalpark"** im Bundesland Mecklenburg-Vorpommern, der gleich bei seiner Gründung vom WWF unterstützt wurde. Der Nationalpark ist ein Ausschnitt der Mecklenburgischen Seenplatte (113 Seen) - eines der am dünnsten besiedelten Gebiete Mitteleuropas und 308 qkm groß. Moore und Seen mit ausgedehnten Schilfgürteln, bewaldete Endmoränen und Sander bieten tausenden von Kranichen, Saat- und Bleßgänsen Rastplatz auf ihrem Weg in den Süden. Bis zu 100 000 Vögel nutzen täglich diesen Lebensraum. Etwa 40 Kranichpaare brüten im Müritz-Gebiet, zehn Seeadler und 21 Paare Fischadler. Auch Schwarzstörche, Große Rohrdommeln, Tüpfelsumpfhühner und Sperbergrasmücken fühlen sich hier wohl. Gefahr erwächst dieser beeindruckenden

Landschaft vor allen Dingen durch den unkontrollierten, ausufernden Tourismus, der zu Störungen bei den Brutvögeln und zur Zerstörung empfindlicher Lebensräume führt. Ein weiteres Problem ist die Landwirtschaft, die auf den armen Böden mit hohem Einsatz von Düngern und Pestiziden bislang gewirtschaftet hat. Die überhöhten Schalenwildbestände in den alten Staatsjagden der SED-Bonzen haben den Wäldern enormen Schaden zugefügt. Einschränkungen der Fütterungen und erhöhter Abschuß sollen hier für Abhilfe sorgen.

Der zweite Park ist der **"Nationalpark Vorpommersche Boddenlandschaft"**, der im Bundesland Mecklenburg-Vorpommern liegt, zwischen den Städten Rostock und Stralsund. Er umfaßt große Teile der Halbinseln Darß und Zingst und Hiddensee. 805 Quadratkilometer, davon 408 Ostsee, der Rest Land, sind ein einzigartiger, dynamischer Lebensraum: Steil- und Flachküsten, Nehrungen, Buchten, Strandseen, Windwatten, Dünen und Strände mit Salzwiesen, Grasland und Wäldern mit einigen naturnahen Bereichen liegen eng beieinander. 10 Seeadlerpaare nisten dort, 4 Kranich- und 50 Kampfläuferpaare. Aber auch Wattvögel, Greifvögel, Seeschwalben, Möwen, Enten und Gänse aller Arten. Darüber hinaus überwintern hier zehntausende von Zugvögeln, 40 000 Kraniche und über 70 000 Vertreter

Der Müritzsee gehört zu den landschaftlich schönsten und vogelkundlich wertvollsten Binnenseen. Der Ostteil erhielt kürzlich durch die Schaffung des Müritz-Nationalparks den bestmöglichen Naturschutz. Allein 10 Seeadlerpaare und 21 Paare Fischadler sind hier Brutvögel.

von 13 Entenarten. Die Probleme für das Gebiet liegen vor allen Dingen in einem ehemaligen Militärhafen, einem Schießplatz auf dem Zingst, landwirtschaftlicher Nutzung und dem unkontrollierten Tourismus. Der WWF unterstützt die Nationalparkverwaltung bei der Lösung dieser Probleme, besonders durch Öffentlichkeitsarbeit und Gespräche mit den verantwortlichen Entscheidungsträgern.

Der dritte Nationalpark heißt **"Nationalpark Jasmund auf Rügen"**. Er liegt im äußersten Nordosten der Insel und ist mit 30 Quadratkilometern der kleinste Nationalpark Deutschlands. Nur eine einzige Straße führt durch. Jasmund ist der höchstgelegene Teil der Insel, geprägt von Buchenwäldern und den Kreidefelsen mit dramatischen Abbrüchen. Hier lebt das Juwel der Jasmundschen Vogelwelt: der Zwergschnäpper, der kleinste der Familie der europäischen Fliegenschnäpper. Auf dem Waldboden leben Moorfrosch und Rotbauchunke - und der selten gewordene Springfrosch. Es gibt die Schlingnatter dort und den Alpenstrudelwurm, der sonst nur in Gebirgen Mitteleuropas und Skandinaviens zu finden ist. Besonders hervorzuheben ist der Reichtum an Orchideen und die Salzvegetation am Strand. Auch im Nationalpark Jasmund gilt es, wie in allen Nationalparks, zunächst eine funktionierende Nationalparkverwaltung aufzubauen und den Tourismus so zu lenken, daß die herausragenden spektakulären Landschaften vor nicht wiedergutzumachendem Schaden bewahrt werden. Das gilt besonders für die berühmte Stubbenkammer und den herausragenden Kreidefelsen, den Königsstuhl. Wichtig ist es auch, daß in dem Nationalpark die Forstwirtschaft eingestellt wird, so daß die Wälder, wie es sich für Nationalparks gehört, einer natürlichen Entwicklung überlassen werden.

Nr. 4 bei den Parks ist der **"Nationalpark Sächsische Schweiz"**, der zum Bundesland Sachsen gehört. Er liegt südlich von Dresden im Elbsandsteingebirge und grenzt an die Tschechoslowakei. 9.292 Hektar umfaßt dieser Park mit seiner bizarren Felslandschaft. Seltene Vögel und Fische haben hier Zuflucht gefunden: die Hohltaube, der Zwergschnäpper, der Ziegenmelker, der Rauhfußkauz und der Sperlingskauz. Dazu der Weißrückenspecht, der Uhu und der Schwarzstorch. In den weitgehend natürlich gebliebenen Wildbächen leben noch Bachforellen, Äschen und Elritzen. An den Ufern Wasseramseln und Eisvögel. Auch Fischotter gibt es hier noch. Das größte Problem, mit dem der Nationalpark zu kämpfen hat, ist die Zerstörung der Wälder. Einmal durch das Baumsterben und zum anderen durch überhöhte Schalenwildbestände. Glücklicherweise gibt es noch wenig Probleme mit den Besuchern im Nationalpark. Es ist daher anzunehmen, daß durch gute vorausschauende Planung auch künftige Störungen weitgehend vermieden werden können.

Nr. 5 der Parks ist der **"Nationalpark Hochharz"**. Er gehört zu Sachsen-Anhalt und liegt im Zentrum des Harzes zwischen der ehemaligen deutsch-deutschen Grenze und der Stadt Wernigerode. Er umfaßt 5.862 Hektar, hauptsächlich Wald, mit Felslandschaften und Mooren durchsetzt. Das Gebiet um den Brocken bildet den größten natürlichen Bergfichtenwald Mitteleuropas mit über 200 Jahre alten Bäumen. Hier haben selten gewordene Säugetiere und Vögel Rückzugsgebiete gefunden: die Alpen-Spitzmaus, die Alpen-Ringdrossel, der Rauhfußkauz und das Auerhuhn. Außerdem gibt es hier noch viele Paare der Alpen-Smaragd-Libelle und der Brocken-Mohrenfalter. Die Bestrebungen, im Nationalparkgebiet ein Skizentrum zu schaffen, bedeuten eine ernste Gefährdung für den Nationalpark, da der Massenansturm von Wanderern und Skifahrern bereits heute die Tragfähigkeit in dieser empfindlichen Landschaft übersteigt. Eine Lenkung des Besucherverkehrs und des Wintersporttourismus' ist daher unbedingt erforderlich, um die einmaligen Schönheiten dieses Gebietes zu sichern.

Bund und Länder müssen handeln, ehe es zu spät ist.

Wir fordern von der Bundesregierung:
- Unterstützung der neuen Bundesländer bei der Verwirklichung des Nationalpark- und Schutzgebietsprogramms
- Schaffung von Voraussetzungen für Ausbildung und Einsatz hauptamtlicher Naturschutzwächter
- Stopp für militärische Aktivitäten in den geschützten Gebieten
- Unterordnung des Verkehrswegebaus unter die Naturschutzziele
- Rechtsverbindliche Schutzkategorien und Kriterien für Nationalparks, Biosphärenreservate und Naturparks im Bundesnaturschutzgesetz

Wir fordern von den neuen Landesregierungen:
- Anbindung der Naturschutzverwaltungen an die Umweltministerien
- Ausreichende finanzielle und personelle Ausstattung der Schutzgebiete mit hauptamtlichen Naturschutzwächtern
- Präzise Definition von Nationalparks, Biosphärenreservaten und Naturparks in den Landesnaturschutzgesetzen
- Übernahme von bestehendem Staatseigentum an Gewässern, Grund und Boden in Nationalparks und Schutzgebieten in Landeseigentum / Keine Veräußerung an Dritte
- Extensivierungsförderung der Landwirtschaft innerhalb großflächiger Schutzgebiete
- Besondere Regelungen für Forstwirtschaft, Jagd, Fischerei und Angelsport in Zuständigkeit der Nationalpark- und Schutzgebietsverwaltungen

Praktikum für die Umwelt

Das „Praktikum für die Umwelt" entstand in Zusammenarbeit von Nationalparks und der Commerzbank. An Nord- und Ostsee, in den Bergwäldern der Mittelgebirge und in den Alpen helfen junge Leute, daß seltene Pflanzen auch weiterhin einen Lebensraum behalten und Tiere unbehelligt ihre Jungen aufziehen können.

Auch als Erholungsgebiet für den Menschen steigt die Bedeutung von Nationalparks. Vornehmlich in den Sommermonaten werden die in reizvoller Landschaft gelegenen Parks von zahlreichen Urlaubern aufgesucht. Wichtige Lebensräume werden aber durch den Tourismus gefährdet, solange das erforderliche umweltgerechte Verhalten fehlt. Hier informieren und klären die Praktikanten auf, um Schäden zu vermeiden.

Voraussetzung für diese Partnerschaft zwischen Ökologie und Ökonomie ist eine klare Arbeitsteilung: Die fachlichen Inhalte werden ausschließlich von den Nationalparks bestimmt und vertreten. Die Commerzbank hilft personell und finanziell.

Je nach den individuellen Bedürfnissen vor Ort veranstalten die Praktikanten zum Beispiel Kinder-Umwelt-Nachmittage oder Besucher und Urlauber werden über die Einzigartigkeit der geschützten Gebiete informiert und lernen durch Exkursionen die Natur zu „be-greifen". Die Praktika beginnen im Frühjahr mit einer Einführungstagung und enden spätestens zum Jahresende. Mindestdauer für ein Praktikum sind drei Monate, doch im Durchschnitt arbeiten die jungen Leute ein halbes Jahr im Nationalpark.

Die fachlichen Inhalte des Praktikums und die Auswahl der Bewerber übernimmt allein der jeweilige Nationalpark. Die Commerzbank hilft personell und finanziell, indem sie zum Beispiel ein monatliches Gehalt von 850,- DM und freie Unterkunft für die Praktikanten zahlt.

Der Aufenthalt im Nationalpark verfolgt das Ziel, Abiturienten und Studenten mit Interesse am Naturschutz Erfahrungen „vor Ort" zu vermitteln. Nicht nur angehende Naturwissenschaftler und Biologen werden ange-

Mit verbundenen Augen läßt sich der Wald ertasten, riechen und schmecken.

Die Umwelt-Praktikanten untersuchen die Laubstreu nach kleinen und kleinsten Tieren des Waldes

Tiere hinterlassen ihre Spuren. Ob Federn, Knochen, Nester oder ein abgenagter Zweig: Der Fachmann erkennt, wer vor ihm im Wald war.

sprochen, auch Geisteswissenschaftler, Betriebswirte und Ingenieure haben schon ein Praktikum absolviert. Denn der Dialog zwischen engagierten Naturschützern und anderen Disziplinen, insbesondere in der Wirtschaft, wird immer wichtiger, ja unverzichtbar.

Die Anforderungen an die Praktikanten sind so unterschiedlich wie die Aufgaben, die sie erfüllen sollen: Einmal ist Begeisterungsfähigkeit und Engagement, Kontaktfreudigkeit und pädagogisches Geschick gefragt, ein anderes Mal wird Fachwissen vorausgesetzt. Gerade diese Vielfältigkeit ist ein großer Vorteil und eine Chance dieses Projekts, denn Menschen, die sich normalerweise nicht begegnen, lernen miteinander umzugehen und miteinander zu arbeiten. Dabei verfolgen sie das gemeinsame Ziel, die Umwelt zu schützen und unsere Lebensbedingungen zu verbessern.

Für die Bank ist das „Praktikum für die Umwelt" Teil ihres Naturschutz-Engagements. Es werden daneben sowohl Investitionen, Forschungen und Technologien der Wirtschaft gefördert als auch im eigenen Haus Umweltschutzmaßnahmen durchgeführt. So werden die Abwässer der Kantine vorbildlich gereinigt, Fernwärme genutzt, Recycling-Papiere verwendet oder EDV-Programme umgestaltet mit dem Ziel, Papier einzusparen. Dies sind nur Beispiele. Wer mehr über das Umweltschutz-Engagement der Bank wissen möchte, schreibt an:

COMMERZBANK ✳

Zentrale Abteilung
Analyse und Kommunikation
Neue Mainzer Straße 32-36
6000 Frankfurt/Main 1

Das Vernetzungsspiel zeigt die Bedrohung einer ganzen Nahrungskette, wenn nur ein Lebewesen ausstirbt.

Herausforderung an den WWF im Osten

Traditionell gewachsene Kulturlandschaften, Urlandschaften und Sanierungslandschaften - in dieses Geflecht ist der Naturschutz in Deutschland und Europa eingebunden. Während der Westen den größten Teil seines natürlichen Kapitals verschleudert hat, finden wir im Osten eine Vielfalt an Tier- und Pflanzenarten und natürlichen Lebensräumen, die wir im Westen längst verloren bzw. ausgerottet haben.

Die Informationsfreiheit und das schonungslose Offenlegen der Umweltprobleme haben uns das Ausmaß der Umweltschäden im Osten vor Augen geführt. Die gefallenen Grenzen haben uns aber auch mit einer Natur und traditionell bewirtschafteten Agrarlandschaften bekannt gemacht, die einen einmaligen Reichtum an biologischer und kultureller Vielfalt beherbergen. Diese Landschaften bieten für Europa, dem am dichtesten besiedelten Kontinent mit dem dichtesten Verkehrsnetz und den meisten Ballungsräumen, ökologische Bausteine für das Fundament des "Europäischen Hauses".

Es ist eine gesamtdeutsche und gesamteuropäische Aufgabe, diese Werte zu erhalten. Die jungen Regierungen und Naturschutzorganisationen im Osten können es nicht alleine schaffen. Der Westen muß helfen. Der WWF ist bereit und dabei, ein Beispiel zu setzen und einen Teil seiner Ressourcen verstärkt für Projekte im Osten zur Verfügung zu stellen. Allein im kommenden Jahr beläuft sich das Budget von WWF-International für den Naturschutz in Europa auf 7,32 Millionen DM, davon gehen 2,2 Millionen DM in osteuropäische Staaten. Dazu kommen die Summen, die von den nationalen WWF-Organisationen in eigene nationale Projektarbeit fließen. Das sind alleine bei WWF-Deutschland mehr als 10 Millionen DM.

Die Menschen im Osten sind auf der Suche nach neuen Lebensformen. Der Naturschutz muß diese Gelegenheit nutzen, um Lebensräume zu sichern, bevor Landreform, Straßenbau, Tou-rismus und Industrieanlagen die wertvollsten Naturräume erobert haben. Die Zeit arbeitet gegen uns, schnelle Entscheidungen und beträchtliche Mittel sind erforderlich.

In Deutschland konzentriert sich der WWF darauf, den Schutz der großflächigen Naturlandschaften zu fördern. Dazu gehören die fünf neuen Nationalparke, besonders Boddenlandschaft, Jasmund und Müritz sowie die sechs Biosphärenparke in den neuen Bundesländern. Dabei geht es um die Erhaltung traditioneller Kulturlandschaften mit wertvoller Naturausstattung als künftige Erholungs- und Regenerationsräume und um die Renaturierung belasteter, gestörter Flächen.

Ein weiterer Schwerpunkt ist der Aufbau eines Netzes von Naturschutzgebieten entlang der Oder. Der WWF arbeitet mit der Bundesregierung, den Länderregierungen und der polnischen Regierung daran, die Oder zum Grünen Band, durch Ausweisung und Management großflächiger Naturschutzgebiete, zu entwickeln. Geplant sind ein Nationalpark "Untere Oder" und ein Naturpark "Oder-Neiße". Der Nationalpark soll die Oderaue zwischen Stettin und Hohensaaten auf einer Länge von 60 km als Kernbereich einschließen. In diesem bis zu 5 km breiten Streifen erstreckt sich eine für Mitteleuropa einmalige Flußlandschaft mit Altwassern, Mooren, Auwäldern und Feuchtwiesen. Wichtiger Rastplatz für Zugvögel wie Saatgänse und Enten und Brutgebiet für Seeadler, Wiesenweihe, Kranich, Trauerseeschwalbe und Wiedehopf.

In der Oder/Neiße-Niederung wird ein Naturpark eingerichtet. Hierbei handelt es sich um eine Landschaft mit umfangreichen Naturwaldreservaten, Heideflächen, Binnendünen, Fließ- und Stillgewässern, Auwäldern und großflächig, extensiv genutzten Weidelandschaften. Über die Hälfte dieser Region wird extensiv genutzt und bietet zahlreichen bedrohten Tier- und Pflanzenarten eine Heimstätte. Besonders hervorzuheben sind Fischadler, Seeadler und Schlangenadler. Außerdem zwanzig Kranichbrutpaare, dreißig Brutpaare des Schwarzstorches und einhundertzwanzig Paare des im Westen immer seltener werdenden Weißstorches. Der WWF unterstützt die Behörden bei der rechtlichen Siche-rung der naturschutzwürdigen Flächen, einmal durch Sicherung wertvoller Gebiete durch Pacht, die dann von der Landesregierung übernommen wird, oder durch fachliche Beratung, z. B. bei der Einführung der Heideschäferei, durch die ca. 6 000 ha Heidefläche erhalten und einer extensiven Nutzung zugeführt werden sollen.

Aber auch außerhalb Deutschlands hat der WWF neue Aufgaben übernommen, die der neuen dynamischen Entwicklung im Osten Europas Rechnung tragen. An der Grenze zu Bayern entsteht in der CSFR der Nationalpark Sumava im Böhmerwald. Im Drei-Ländereck von Ungarn, Österreich und der CSFR hilft der WWF beim Aufbau des Nationalparks March-Donau-Thaya. Auch die 90 000 ha große Biebrza-Niederung in Nordost-Polen wird mit WWF-Hilfe unter Schutz gestellt. Dabei werden die Interessen der örtlichen Bevölkerung in den angrenzenden Gebieten durch Beratung bei der Einführung ökologischer Landwirtschaft berücksichtigt.

Bei all diesen Projekten ist die Zusammenarbeit auf internationaler Ebene erforderlich. Das gilt besonders für das Programm "Grüne Donau", wo über Modellprojekte in allen angrenzenden Ländern, Schwerpunkt ist das Donau-Delta, Schutz und naturverträgliche Nutzungskonzepte entwickelt und umgesetzt werden.

"Mütterchen Wolga", der große Strom Rußlands, der wie keine andere Landschaft in der russischen Dichtung und Kultur eine überragende Bedeutung hat, ist zur Kloake verkommen. Der 3 700 km lange Strom ist durch Schadstoffe aus Industrie, Landwirtschaft und den großen Bevölkerungszentren am Strom hoch belastet. Nur 400 km im Unterlauf sind noch nicht reguliert. Dazu gehört auch das 10 000 qkm große Delta, das in seiner Vielfalt von Lebensräumen und Arten einmalig in Europa ist.

Industrialisierte Landwirtschaft und zunehmende Umweltzerstörungen bilden zusätzliche Belastungen und gefährden den Bestand dieser großartigen Naturlandschaft. Der WWF fördert daher Bürgerbewegungen und Naturschutzorganisationen im Kampf für eine saubere Umwelt und ökologisch orientierte Landnutzung. Der Aufbau von großen Naturschutzge-

Die schwarzschwänzige Uferschnepfe, auch Storchenschnepfe genannt, ist ein Charaktervogel im weiten, feuchten Wiesenland.

bieten entweder als Nationalparke oder Biosphärenreservate ist in Angriff genommen.

Im Kaukasus arbeitet der WWF mit der Regierung Georgiens beim Aufbau von Nationalparken und Landschaftsschutzgebieten zusammen, wobei die Integration des Kultur- und Naturschutzes besonders berücksichtigt werden. Dieses Programm ist von enormer Wichtigkeit, da kein anderes Land in Europa eine so große Mannigfaltigkeit

an Pflanzen und Tierarten besitzt wie Georgien. Große Teile dieser Landschaft sind als Naturlandschaften in ihrer Ursprünglichkeit erhalten geblieben und hervorragend zur Einrichtung von Nationalparken geeignet. Vorschläge für sieben Nationalparke sind erarbeitet und der Regierung zum Beschluß vorgelegt worden. Die Arbeit richtet sich auch noch weiter nach Osten: Am Eismeer entstehen mit der Hilfe des WWF Naturschutzgebiete, um die Zugstraße von Millionen Wattvögeln vom Lena-Delta über das Wattenmeer bis nach West-Afrika zu sichern. Auch Widerstand gegen un-

kontrollierte Ausbeutung der Bodenschätze wird unterstüzt. Dabei ist der Aufbau eines Schutzgebietes auf der Taimyr-Halbinsel von besonderer Bedeutung. Bei all diesen Projekten kommt es dem WWF darauf an, die Bedürfnisse der Bevölkerung mit der Umwelt in Einklang zu bringen und durch den Aufbau einer gesunden Umwelt eine Voraussetzung für die friedliche und harmonische Entwicklung in Deutschland und Europa zu schaffen.

Frankfurt, 2. Oktober 1991

Dr. Hartmut Jungius

Die sanften Riesen dürfen nicht sterben

Die Nebelwälder Zentralafrikas

Im ehemaligen Kongo-Urwald

Weltausstellung Brüssel - 1958. Um Menschen aus aller Welt anzulocken, baute man nicht nur das gigantische Atomium. König Leopold III., der Vater des damals schon regierenden belgischen Königs Baudouin, wollte dieses Ereignis mit einem großartigen Tierfilm feiern. Seine Interessen galten immer schon dem Schutz der freilebenden Tiere. Er hatte selbst schon

viele Expeditionen in ferne Länder unternommen.

Die ursprüngliche Naturlandschaft des Kongo sollte der Nachwelt dokumentarisch erhalten werden. Der Grund war einleuchtend - und von König Leopold in weiser Voraussicht bestimmt: Kongo, das riesige Land im Herzen Afrikas, war damals noch belgische Kolonie. Jeder wußte, daß die Tage der Kolonialherrschaften gezählt waren. Bald würde das Land selbständig sein. Es war also jetzt die letzte Gelegenheit für Belgien, das afrikanische Gesicht Kongos festzuhalten, wie es später nie wieder möglich sein würde.

König Leopold ließ sich alle möglichen Tierfilme aufs Schloß Laeken kommen und sah sie sich an. Auch den von Disney, "Die Wüste lebt". Ein Meisterwerk, aber ein Unterhaltungsfilm, in dem Skorpione Walzer tanzen und Schafe mit Paukenschlägen miteinander kämpfen. "Das ist es nicht", entschied der König und ließ sich in Anwesenheit einer ganzen Reihe von Fachleuten weitere Filme vorführen. Darunter war auch mein Freund Dr. Ernst Schaefer, bekannt durch 3 Tibet-Expeditionen und seinen Film "Geheimnis Tibet". Er schlug schließlich dem König vor, sich meine Filme anzusehen. Zehn Stück hatte ich bis dahin produziert, Filmdokumentationen im Sinne der modernen Verhaltensforschungen, Unterrichts- und Forschungsfilme.

So erhielt ich die Aufforderung, mit allen meinen Filmen nach Laeken zu kommen. Dr. Schaefer holte mich vom Flugplatz ab, wir fuhren sofort zum Schloß. Doch König Leopold war noch nicht von einer kurzen Auslandsreise zurück. Um elf Uhr abends trafen er und seine Gattin ein. Um Mitternacht nahmen wir ein kräftiges Abendessen ein - und danach setzte sich der König mit seinen Söhnen Baudouin und Albert in sein privates Kino und fing an, meine Filme zu betrachten.

Er war fasziniert. Die Sonne schien bereits über dem Schloßpark, als der letzte Film zu Ende war. "Bitte, bleiben Sie ein paar Tage mein Gast", bat er mich, "wir haben viel zu besprechen."

So kam ich zu dem ungewöhnlichen Auftrag, einen abendfüllenden Dokumentarfilm in dem damals neuen Cinemascope-Verfahren zu drehen. Für mich die Erfüllung eines langgehegten Wunsches. Denn für jeden Tierfilmer ist Afrika das Traumland: Die weiten Savannen mit ihren spektakulären Großtierherden, der Kongo-Urwald mit seiner faszinierenden Vielfalt an Pflanzen und Tieren und seinen bis dahin nie fotografierten Eingeborenen mit ihren uralten Ritualen, die unbekannten Verhaltensweisen der Tiere, die gewaltigsten Landtiere der Erde, die Gorillas, der faszinierende Artenreichtum der Vögel, die gewaltigen Vulkane, die Schönheit der Landschaft. Dr. Schaefer übernahm die wissenschaftliche Leitung des Unternehmens, ich die Leitung der Filmarbeit.

Das Lager im Urwald

Als ich mit einem Teil meiner Mannschaft in Stanleyville aus dem Flugzeug stieg, war es dort heiß wie in einer Waschküche: 35 Grad im Schatten. Und genauso feucht. Doch die Belgier hatten vorgesorgt: Unser Hotel, Wagenia hieß es, empfing uns mit gediegenem Komfort, freundlichem Personal und vor allem klimatisierten Räumen. Von hier aus unternahmen wir erst mal Exkursionen ins Land, um den Platz für unser erstes Standlager zu bestimmen.

Unsere drei Landrover mit Vierradantrieb, mit Schiff und Bahn vorausgeschickt, waren da. Leider fehlten die Ersatzteile, ohne die sich kein ordentlicher Fahrer ins Hinterland begibt. Sie lagen noch auf irgendeinem Flughafen. Jetzt lernte ich die für Afrika wichtigste Tugend: Warten. Wir warteten fünf Tage. Dann endlich konnten wir, schwer beladen, abfahren.

Zunächst ging es durch die sogenannten Sekundärwälder, üppig wuchernde Vegetation, die auf verlassenen Feldern emporwächst. Als wir die letzte Plantage hinter uns gelassen hatten, erreichten wir den Urwald. Nie in meinem Leben hatte ich so riesige Bäume gesehen. Die meisten hatten "Brettwurzeln", das sind hochwachsende Wurzeln, die den Baum wie Bretter abstützen. Und Lianen hingen dick wie Schiffstaue von oben herab. Keine zehn Schritt weit konnten wir sehen, so dunkel war es im Inneren des Waldes.

Im Afrikanischen Graben, in der Nähe des
Kivusees, liegt die Kette der Virunga-
Vulkane, die bis heute Feuer und Lava
speien. Die Virunga-Vulkane bilden die
Schwelle zwischen dem Kongourwald und
der Savanne.

Wir kamen nur langsam voran.
Zweimal mußten wir die Landrover
auf Flöße verladen und über den
Kongofluß schippern. Das dauerte.
Doch Langeweile kam nie auf. Gleich
nebenan lebte eine Kolonie der gold-
farbenen Webervögel. Ich sah den großen Schwarzen Nashornvogel, und auf
den Ästen eines Brotfruchtbaumes saß
ein Riesenturako.

Dr. Schaefer war schon vorausgefahren, nach Bukavu am Kiwusee, einer kleinen modernen Kolonialstadt.
Traumhaft schön gelegen, ein tropi-
sches Ferienparadies mit zahlreichen
Villen und blühenden Gärten. Als wir
dort eintrafen, kamen wir uns wie Land-
streicher vor, mit unseren dreckbe-
spritzten Wagen, unseren Dreitage-
bärten und vom Staub dunklen Ge-
sichtern. Doch in unserem vornehmen
Hotel Metropol störte das keinen. Man
war solchen Anblick gewöhnt. So sah
jeder aus, der Tage oder Wochen im
Busch verbracht hatte.

Dr. Schaefer hatte Vorarbeit gelei-
stet und einen Platz für unser Standlager
gefunden, von dem aus wir unsere
Unternehmungen und Exkursiönen
starten konnten: Walikale. "Was bes-
seres finden wir nicht", sagte er. "Gorillas sind in der Nähe, Eingeborene,
und es führen brauchbare Wege hin."

Eine Tagesreise war Walikale von
Bukavu entfernt. Die einheimische Bevölkerung lebte weitgehend von der
Jagd, die Bewohner kannten die Gegend. Ein Fahrweg sicherte den Transport von Material fürs Lager, von
Brennstoff, Verpflegung und Post von
Bukavu. Wichtig war mir auch, daß es
in Bukavu das "Institut des Recherches
Scientifiques pour l'Afrique Centrale"
gab. Dort arbeiteten bekannte Wissenschaftler, Völkerkundler und Vogel-
kundler wie der amerikanische Ornithologe James Chapin, wohl der beste

Die Stämme der Banyanga, die am Fuße der Virunga-Vulkane
leben, verehren die Götter des Feuers, und sie sagen: "Da die
Gottheit in den Vulkanen raucht, darf auch das Feuer in den
"Kratern" unserer Pfeifen niemals erkalten, damit Eintracht
herrsche zwischen den Menschen und den Herrn des Vulkans.

Kenner aller Vögel im Bereich des Kongo. Sie hatten uns ihre Hilfe zugesagt. "Aber das Beste ist, daß Charles Cordier und seine Frau Emmy hier sind und für uns arbeiten wollen!"

Ich war begeistert. Cordier galt als der beste Tierfänger. Er hatte sich auf den Fang seltener und schwer zu erreichender Tiere spezialisiert. Mit ihm zusammen konnten wir Tiere vor unsere Kamera bringen, die noch keiner auf einem Foto gesehen hatte. Denn eins war uns von vornherein klar: Wir mußten die Tiere, die wir filmen wollten, fangen und an Menschen gewöhnen, denn beim Cinemascope-Verfahren konnte ich nicht wie bisher Teleobjektive bis zu 600 mm Brennweite verwenden, sondern bestenfalls Linsen mit einer Brennweite von 200 mm. Das machte es mir unmöglich, die Tiere in ihren Wohngebieten zu filmen. Dazu war der Urwald viel zu dicht und viel zu dunkel.

Die Arbeit für unser Lager im Urwald begann. Regendichte Hütten mußten erstellt werden, Schuppen, Garagen, Werkstätten. Dazu Krale, Gehege und Volieren für die Tiere, die wir fangen wollten. Wir waren ein Haufen unterschiedlicher Menschen: Zehn Europäer — König Leopold und seine Gattin wollten noch dazu kommen —, dazu zwölf eingeborene Helfer. Doch nach gutem altem afrikanischem Brauch brachte jeder Eingeborene seine Familie mit: Frau, Kinder, Schwestern, Brüder, Freunde. Am Ende waren es ein paar Hundert, für die wir Nahrung und Unterkunft aufbringen mußten.

Die Bauarbeiten waren in vollem Gang, als die Eingeborenen mir erzählten, daß sie mehrere Nisthöhlen von Nashornvögeln entdeckt hätten. Ich ließ mich mit Georg Schimanski, meinem Kameramann, sofort hinführen. Unsere Umgebung war hinreißend. Urwald mit einem phantastischen Netzwerk armdicker Lianen: Baumriesen um uns herum, 50 Meter hoch. Die Zikaden schrillten ohrenbetäubend.

Als wir an die Nisthöhlen kamen, stellten wir fest, daß wir nicht ohne Ansitz filmen konnten. Was tun? Ein riesiger Baum stand in der Nähe. Die eingeborenen Helfer nagelten mit 30 Zentimeter Abstand dicke Aststücke an den Baum, so daß am Ende eine Art Leiter entstand. Dreißig Meter mußten wir in die Höhe, bis wir eine einigerma-

ßen gute Position hatten. Dort bauten wir eine Plattform und lagen tagelang in drückender Schwüle auf der Lauer.

Es war all die Mühe wert. Das Brutverhalten der Nashornvögel ist einmalig in seiner Art. Sobald das Weibchen in einer Baumhöhle Eier gelegt hat und zu brüten beginnt, wird es vom Männchen eingemauert. Nur ein schmaler Spalt bleibt frei, durch den der Mann das Weibchen und die Jungen füttert. Sinn der Sache ist es, die Jungvögel und das Weibchen vor Feinden zu schützen.

Es gibt 45 Arten von Nashornvögeln. Ihren Namen haben sie von dem riesigen Hornschnabel, der ihren Kopf ziert.

Wir bauten also unseren Ansitz, öffneten die Bruthöhle von hinten und gewöhnten die Bewohner an Licht. So konnten wir alle Phasen der Vorgänge im Nest filmen. Leider war es einfach nicht möglich, mit der Kamera festzuhalten, woher das Männchen die Nahrung für seine Familie besorgte. Zwar war ein Dattelbaum in der Nähe, aber wir konnten nicht nah genug heran. Und es war auch zu dunkel. Also pflanzten wir den Dattelbaum einfach in eine unserer Volieren. Und Charles Cordier brachte uns einen Nashornvogelmann, der sich schnell bei uns eingewöhnte. Und der zeigte uns nun direkt vor der Kamera, wie er die Nahrung pflückte.

Cordier und seine Männer brachten uns fast jeden Tag neue faszinierende Urwaldgeschöpfe ins Lager. Einen Palmgeier, der deshalb eine Besonderheit war, weil er nur Pflanzenkost fraß, während Greifvögel bekanntlich Fleischfresser sind. Emmy Cordier hatte die Gabe, diese Tiere sehr schnell an die neue Umgebung zu gewöhnen. So besuchten uns ein Baumschliefer, eine Otterspitzmaus, ein Potto, ein Halbaffe mit riesengroßen Augen, Buschbabies, die ihren Kopf wie Eulen um 180 Grad drehen können.

Zu den interessantesten Entdeckungen in der Vogelwelt gehört sicherlich der Kongopfau. Und sein Entdecker, Dr. James Chapin, war bei uns. 23 Jahre lang hatte er gesucht, bis ihm Eingeborene endlich den gesuchten Vogel brachten. Eine Sensation damals, 1936, weil man nur Pfauen aus Asien kannte.

Dr. Chapin gab unserem Charles Cordier Tips, wo dieser seltene Vogel sein heimliches Leben im Urwald führ-

te. Sechs Wochen lang blieb die kleine Expedition verschwunden, dann kehrte Cordier mit drei lebenden Kongopfauen zurück. Zwei prachtvollen Männchen, einem Weibchen. Nie wieder war ich so glücklich wie damals. Denn schon nach drei Monaten bewegten sich die herrlichen Geschöpfe vor meiner Kamera so frei, als wären sie noch tief in ihrem Regenwald.

Charles Cordier, der Unentbehrliche, war schon wieder unterwegs. Diesmal brachte er uns ein Riesenschuppentier. Dieses urtümliche Tier lebt von Termiten und Ameisen. Was uns in eine schwierige Situation brachte. Denn die zwei Kilo Termiten, die es täglich brauchte, konnten wir einfach nicht heranschaffen.

Emmy Cordier half uns aus der Not. Sie hatte für Schuppentiere eine spezielle Ersatzfuttermischung erdacht. Und siehe da, auch unser Schuppentier mochte es. Oft saß ich nun nachts bei Scheinwerferlicht mit meiner Kamera vor seinem Gehege und beobachtete sein Treiben. Wir hatten ihm einen ganzen Termitenbau eingegraben. So konnte ich wunderbar filmen, wie er seine mächtigen Grabklauen in den zementharten Bau schlug, ganze Brocken herausbrach und mit seiner vierzig Zentimeter langen Leimrutenzunge die Krabbel-Beute aufleckte.

Wir fangen eine Gorilla-Familie

Nach einigen Monaten waren wir bereit für das "Unternehmen Gorilla". Der Berggorilla, dessen Heimat die Virunga-Vulkanberge sind, ist eigentlich ein friedliches Tier, das den Menschen nicht fürchtet und sich auch von ihm nicht stören läßt, solange man ihn nicht provoziert.

Bisher gab es nur einige Aufnahmen von Amerikanern, die ab und an mal flüchtende Tiere vor die Kamera bekommen hatten. Bisher gab es auch nur Schauermärchen von dem relativ unbekannten "Tiermenschen", wie den Hollywood-Streifen "King-Kong", der ihn als angriffswütiges, Frauen raubendes Untier darstellte. Auch wir im Lager hatten natürlich Angst. Wir kannten seine Verhaltensweisen nicht. Damals, Ende der 50er, im belgischen Kongo, hatte Dian Fossey noch nicht

Sobald das Weibchen in einer Baumhöhle zu brüten beginnt, wird es vom Männchen eingemauert. Nur ein schmaler Spalt bleibt offen, durch den das Männchen das Weibchen und das Junge füttert.

Das Nashornvogelweibchen macht während des Brütens eine Mauser durch und ist während dieser Zeit in der Nisthöhle optimal vor Feinden geschützt. Es ist aber durchaus in der Lage, bei Bedarf den "Käfig" zu öffnen.

Um den Nashornvogel, einen der interessantesten Vögel des Kongourwaldes, an seiner Nisthöhle zu filmen, mußten uns unsere eingeborenen Helfer eine Leiter 30 Meter hoch in die Wipfel des Urwaldes bauen. Das Brutverhalten der Nashornvögel ist einmalig.

Es war Charles Cordier gelungen, eine Großfamilie Gorillas zu
fangen. Wir hatten den Tieren bei Walikale, im Kongourwald,
ein geräumiges Gehege gebaut, in dem wir schließlich das
Familien- und Sozialverhalten in neuartigen Aufnahmen
dokumentieren konnten.

Seine Majestät König Leopold III. und seine Gemahlin
Prinzessin Rethie besuchten uns im Kongourwald und
nahmen am Fang der Gorillas teil.

Ich hatte bei Konrad Lorenz
gelernt, daß Tiere ein
angeborenes Verhaltens-
repertoire haben, das sich auch
in Gehegen entfaltet, wenn die
Tiere artgerecht untergebracht
und betreut werden. So bauten
wir bei Walikale im Kongourwald ein Filmlager mit vielen
Gehegen und Volieren, in
denen wir erstmalig Tiere des
tropischen Regenwaldes bei
ihrer Lebensweise aufnehmen
konnten.

mit den Tieren gelebt, hatte Georg Schaller noch nichts über sie erforscht. Wir jedenfalls begannen ein Unternehmen, wie es noch niemals vorher probiert und auch nie wieder nachgemacht wurde. Wir wollten unbedingt eine ganze Gorillafamilie filmen, dokumentieren, was wahr war an den Gerüchten über das "Monster".

Mit zwanzig schwarzen Trägern zogen wir los. Zwei Tagesmärsche von der heißen Savanne bis hinauf in etwa 3000 Meter Höhe. Schwierig war es schon unten, im Urwald. Dann, etwa bei 1800 Metern, begann ein Bambusdschungel, der wirklich schwierig zu durchqueren war. Immer mußten zwei Mann mit einem Buschmesser vorausgehen und uns den Weg freischlagen.

Bei 2000 Metern fing das Gebiet der Baumfarne an. Eine interessante Gegend: Fünfzehn Meter hohe Farne. Eingeborene kommen selten hier herauf. Sie glauben an die bösen Geister, die in diesen Farnwäldern wohnen. Eigentlich ist auch den Weißen der Aufstieg in dieses Schutzgebiet verboten, doch wir bekamen eine Sondergenehmigung.

Endlich erreichten wir ganz oben am Berg die lichten Hageniawälder. Knorrige krumme Bäume, unter denen wilder Sellerie wächst, eine der Leibspeisen der Berggorillas. 2500 Meter hatten wir schon geschafft. Um uns herum die Vulkane Mikeno und Karisimbi. Der Ausblick war überwältigend. Hier wollten wir unser Zeltlager aufstellen, was wir auch sofort taten. Nun schwärmten wir einzeln aus, um auf die Fährten der Tiere zu stoßen.

Sie waren erst kürzlich hier gewesen. Wir fanden Nahrungsreste, Exkremente, geknickte Zweige. Jetzt hätten wir uns an ihre Fersen heften können. Doch das Wetter machte uns einen Strich durch die Rechnung. Es war sehr kalt geworden hier oben. Unsere Träger, an die Hitze der Savanne gewöhnt, zitterten vor Kälte. Wir packten sie in Skikleidung, Wollmützen und Strickhandschuhe - es half nichts. Wir mußten also zurück nach Walikale, ins Standlager.

Was tun? Wir berieten uns. Charles Cordier schlug vor, eine ganze Gorillafamilie einzufangen, und zwar Flachlandgorillas, die bei Walikale vorkamen.

Na, das war vielleicht ein Vorschlag!

So etwas hatte noch niemals jemand versucht. Wie sollte das auch möglich sein?

"Ganz einfach", meinte Cordier, "wir beobachten eine Herde, kreisen sie ein, werfen nachts, wenn sie schlafen, Netze über sie und tragen sie so in unser Lager."

Ganz einfach, hat er gesagt. Also probierten wir es erst mal auf die einfache Weise. Wir suchten und fanden eine Gorillafamilie, warteten, bis sie am Abend auf ihre Schlafbäume stiegen, und warfen unsere Netze über den Platz. Aber die Kerle waren so schlau! Sie schlüpften einfach unter dem Netz durch, stiegen durch Löcher, die sie rissen. Die Größeren halfen den Kleineren zu entkommen.

Tja, da standen wir nun!

Inzwischen war auch König Leopold III. ins Lager gekommen, er wollte an den Dreharbeiten teilnehmen.

Diesmal gingen wir geschickter ans Werk. Wir bestellten in Amerika unzerreißbare Netze aus Nylon. Bis sie im Lager waren, bauten wir den noch zu fangenden Gorillas einen Kral neben unserem Lager auf. Das heißt, zwei gleich große Krale nebeneinander, jeder rund 3000 Quadratmeter groß und mit allem bepflanzt, was Gorillas lieben. Den zweiten Kral brauchten wir, weil eine ganze Herde 3000 Quadratmeter in einer halben Woche abgefressen und so verunreinigt haben würde, daß sie nicht mehr bewohnbar waren. Es konnte also immer ein Kral gesäubert und neu bepflanzt werden, während die Tiere den anderen leerfraßen.

Es dauerte Monate. Unser Sägewerk arbeitete Tag und Nacht. Unsere schwarzen Helfer waren inzwischen gute Handwerker. Büsche, Bäume und Pflanzen wurden samt Wurzelwerk aus dem Urwald geholt und in den Kralen neu eingepflanzt. Eine gigantische Arbeit mit gigantischen Kosten.

Als schließlich die Netze eintrafen, machten wir uns sofort auf den Weg, eine geeignete Gorillafamilie zu finden. Cordiers Späher hatten bald eine entdeckt. Er selbst hatte in den letzten Monaten seine Helfer geschult, die Fangmethode bei Tag und bei Dunkelheit geübt, bis jeder Handgriff saß.

Die Herde hatte nicht weit von unserem Lager Schlafbäume bezogen. Am Abend waren sie auf Bäume gestiegen, hatten Zweige und Laub abgeris-

sen und fest in eine Astgabel geschichtet. Auf diesem weichen Laubbett schliefen sie bis weit in den Vormittag hinein, denn Gorillas sind Langschläfer.

Leise, ohne jedes Geräusch, pirschten wir uns an. Niemand durfte sprechen. Die Handgriffe saßen, lautlos spannten wir das Netz über den ganzen Platz. Dann schaufelten unsere Helfer ringsum drei Meter tiefe Gruben. Etwa zwanzig Stück hatten wir schließlich angelegt. Und wir warteten...

Schon am nächsten Tag fielen die ersten Mitglieder der Gorillafamilie in die Gruben. Es gelang uns, sie in die Netze zu wickeln und zu fesseln. An Tragestangen gehängt, wurden sie zum Lastwagen gebracht und ins Lager geschafft. An Ende des dritten Tages war nur noch der schlaue Alte frei. Er hatte uns immer wieder ausgetrickst. Doch weil seine ganze Familie verschwunden war, wurde er immer nervöser. Schließlich fiel auch er in eine der Gruben. "Tut mir leid mein Alter", sagte Cordier, als er ihn ins Netz gewickelt abschleppen ließ. "Du kommst ja wieder zu Deiner Familie." Nie werde ich seinen Blick vergessen. Nicht wütend, nicht anklagend, nur voller Ratlosigkeit. Ein viel kleineres fremdes Wesen hatte ihn überlistet.

Nun war die Herde beisammen - in unserem Kral. Sie fügten sich rasch ein, gewöhnten sich an die Leckerbissen, die wir ihnen boten. Die doppelte Anlage erlaubte eine optimale Betreuung der Herde: Die Krale wurden täglich desinfiziert, es gab kein verletztes Tier, auch die kleinsten Gorillakinder gediehen prächtig.

Nun konnten wir sie aus der Nähe beobachten. Eindrucksvolle Großaufnahmen entstanden. Wir dokumentierten wochenlang sämtliche Phasen ihres Tagesablaufs, wie und was sie fraßen. Und wir leisteten Sisyphus-Arbeit. Schon nach drei Tagen war alles im Kral aufgefressen oder zertreten. Wir trieben die Tiere vorsichtig hinüber in den zweiten Kral und begannen, den Platz zu säubern und zu desinfizieren und neue Pflanzen einzugraben. Das war jedesmal, als würden wir einen Park anlegen.

Doch die Aufnahmen wurden einmalig. In Cinemascope-Großaufnahmen filmten wir, wie die Mütter ihre Jungen säugten, wie sie sie herumtrugen, pflegten und betreuten. Ganz be-

Mit der Handkamera pirsche ich mich bis auf wenige Meter Distanz an die rastende Gorillafamilie heran.

Es gibt in den Vulkanbergwäldern von Ruanda, Uganda und Zaire Gorillafamilien, die sich an den Besuch von Touristen gewöhnt haben. Man soll sich den Tieren aber nicht näher als 5 Meter nähern. Gorillas sind uns stammesgeschichtlich so ähnlich, daß sie auch von gleichen Krankheiten gepeinigt werden können. Aber sie haben keine Medikamente bei Infektionen und keinen Arzt.
Wir waren zu dicht an die Gorillafamilie herangetreten und dann wurde der alte, wohl 4 1/2 Zentner schwere Silberrückenboß nervös.
Er packte meinen Führer mit seinen riesigen muskelstrotzenden Armen und gab ihm unmißverständlich zu verstehen, daß er endlich seine Ruhe haben wolle.
Er hätte ihn, schlecht gelaunt, zerreißen können.

Ein ausgewachsener Silberrücken-Gorillamann ist eines der eindrucksvollsten, ja, furchterregendsten Geschöpfe, und das ist der Grund, daß Hollywood aus ihm den angriffswütigen, Frauen raubenden Unhold geschaffen hat. Freilandforschungen von George Schaller und Dian Fossey haben aber gezeigt, daß Gorillas zu den friedfertigsten Geschöpfen gehören, wenn man sie und ihre Kinder nicht bedroht.

Junge Gorillas sind wie viele Tierkinder neugierig. Oft ist es mir passiert, daß sie meine Kameratasche untersuchten und mit für mich wichtigen Ausrüstungsstücken davoneilen wollten. Solche Situationen können kritisch werden. Zwinge ich ein Gorillakind, von seinem Vorhaben abzulassen und ruft es den Silberrückenmann, der meistens die Szenerie im Auge hat, zu Hilfe, dann kann es zu gefährlichen Konflikten kommen.

sonders bezaubernd waren die Spiele der Kleinen, die sie ganz ungeniert vor unseren Kameras trieben. Und wir bekamen auch zum erstenmal vor die Linse, wie Gorillas trinken: Sie schöpfen mit einer Hand Wasser und trinken es so, wie auch ein Mensch es machen würde.

Natürlich haben wir die Familie nach unseren Dreharbeiten wieder in die Freiheit entlassen. Ich denke, daß die achtzehn Monate, die wir in diesem Urwald verbracht haben, nicht nur für den Film, sondern auch für die Wissenschaft ein großer Erfolg waren. Doch letztendlich waren es die Verhaltensforscher Georg Schaller und Dian Fossey, die durch aufopferungsvolle Freilandbeobachtungen zeigten, daß die "Monster" friedliche, liebenswerte Geschöpfe sind.

Zu Gast bei den Berggorillas

Erst 25 Jahre später habe ich die Gorillas wiedergesehen. Ich flog im Juli 1982 nach Afrika, um für meine "Expeditionen ins Tierreich" über sie zu berichten. Mit mir mein Kameramann Dieter Höse, vom NDR Günther Tovar und drei Freunde, die uns helfen wollten.

Dieses Mal brauchten wir keine Gorillafamilie einzufangen. Diesmal ließen sie uns in ihre "Wohnung", ließen uns freiwillig zusehen, wie sie im Freiland leben.

Es hatte sich viel geändert. Die Virunga-Berge, bis zu 4000 Meter hohe Vulkane, die Heimat der Berggorillas, waren inzwischen Naturschutzgebiete. Man konnte einen "Trip zu den Gorillas" buchen wie einen Angelausflug. Nur mit strengeren Vorschriften, versteht sich. Und immer nur mit einem Guide, einem Führer. Unser Berg- und Gorillaführer hieß Mark Condiotti. Er hatte Jahre zuvor mit seinen Landsleuten Bill Weber und Amy Vedder drei Gorillafamilien an Besucher gewöhnt. Das sollte dem Naturschutzpark Einnahmen bringen und somit eine wichtige wirtschaftliche Grundlage für seinen Schutz schaffen. Denn die "Zivilisation" in Form von bewirtschafteten Feldern dringt immer weiter vor in die Virunga-Berge. Immer höher hinauf ziehen sich die Äcker und mit

ihnen die Menschen. Sodaß die Gorillas immer weiter hinauf ausweichen müssen. Es ist ihnen nicht mehr viel Lebensraum geblieben.

Den drei Amerikanern gelang es, die Gorillafamilien so "zahm" zu machen, daß jeden Tag Besuchergruppen zu ihnen geführt werden können. Kleine Gruppen, fünf, sechs Menschen höchstens. Jedenfalls immer viel weniger, als die Gorillasippe Köpfe zählte. Sonst könnte sich der Silberrückenmann, der Chef der Sippe mit dem silbergrauen Rücken, als Oberhaupt provoziert fühlen. Die Besucher durften auch höchstens eine halbe Stunde bleiben, um den Tagesablauf der Tiere so wenig wie möglich zu stören. Und niemand, auch nicht der Führer, der den Gorillas gut bekannt ist, sollte sich den Tieren auf mehr als fünf Meter nähern. Denn sie sind uns genetisch, stammesgeschlechtlich so verwandt, daß jeder Schnupfen, jeder Husten der Besucher sich auf die Tiere überträgt. Und die haben keinen Arzt und keine Pillen.

Wir wohnten zunächst in einem Hotel in Kigali. Bevor wir auch nur an einen Aufstieg zu den Gorillas denken konnten, mußten wir erst mal nach Ruhengeri kommen, einem kleinen Ort, 116 Kilometer entfernt. Eine Horrorstrecke mit einem überladenen Kleinbus: Straßen mit Schlaglöchern wie kleine Kiesgruben. Die 25 Stundenkilometer, die wir schafften, schüttelten uns durch. Um uns herum eine Agrar-Landschaft: Felder mit Süßkartoffeln, Mais, Bananen, Eukalyptus, dazwischen Rinder mit schweren Hörnern. Auf der Straße Männer, Frauen und Kinder, schwere Lasten schleppend, die den Staub unseres Wagens schlucken mußten.

Todmüde kamen wir an. Auch wenn das Hotel in Ruhengeri erstaunlich gut war, geschlafen habe ich wenig in dieser Nacht. Die Aufregung vor der Begegnung mit "meinen" Gorillas hatte mich gepackt.

Um sieben Uhr früh am anderen Morgen ging es dann endlich los. Kameras, Rucksäcke, Windjacken und das schwere Filmgerät waren verstaut - wir fuhren den Bergen zu. Inzwischen hatte sich Mark Condiotti, unser Führer, zu uns gesellt. Was für ein Mann: Wilde rote Haare und ein roter Bart wucherten um seinen Kopf. Um ihn herum lauter schwarze Gesellen, die Träger für unser Gepäck.

Endlich ließen wir den Wagen stehen und wanderten zu Fuß weiter. Erst durch liebliche Almwiesen, dann durch dichten Bambuswald, durch den wir uns mit der Machete vorwärts schlagen mußten.

Nach einer halben Stunde die ersten Spuren: Abgerissene frische Bambussprossen, eine der Leibspeisen der Gorillas. Sie waren in der Nähe. Aber wo? Eine Stunde durchstreiften wir den dichten Wald, zwei Stunden - nichts! Condiotti hatte uns vorher instruiert, uns sofort hinzusetzen, wenn er das tat. Keiner durfte größer erscheinen als er. Er war praktisch unser "Silberrückenmann" - von den Gorillas aus gesehen. Ihn kannten sie seit mehr als zwei Jahren. Wir waren nur seine "Herde".

Nach einer weiteren halben Stunde kauerte Mark Condiotti sich plötzlich nieder. Wir machten es ihm nach - und saßen plötzlich inmitten einer ganzen Gorillafamilie! Der Wald wurde lebendig. Vor uns drei mittelgroße Tiere, die sich nicht beim Fressen stören ließen. Oben am Hang spielende Halbwüchsige. Etwas weiter entfernt unter einem Baum der Silberrückenmann. Sein riesiger Kopf mit den Augenwülsten blickte ruhig auf uns. Überall Gorillas. Man hörte sie schmatzen, sie entblößten ihre Zähne, und sie pupsten sich fröhlich zu. Als gäbe es uns nicht.

Ich hatte keinerlei Angst. Wir sprachen nicht laut, flüsterten nur miteinander. Ich werde dieses Gefühl von damals nie wieder vergessen können: Wir sahen die riesigen "wilden" Tiere, wir hörten sie, und wir rochen sie auch. Ein etwas süßlicher, nicht unangenehmer Geruch. Die "angriffslustigen Monster" ließen uns friedlich an ihrem Leben teilhaben. Ich fühlte mich unbeschreiblich glücklich.

Nach einer halben Stunde gab der Silberrückenmann seiner Sippe das Zeichen zum Aufbruch. Wir folgten der Familie noch eine halbe Stunde lang durch den steil abfallenden Bambuswald. Mal saß ein kleiner Gorilla mitten auf dem Pfad, ließ uns vorbeigehen. Sofort eilte seine Mutter herbei und setzte ihn auf ihren Rücken. Dann trottete sie neben uns weiter bergabwärts. Mir gefiel am besten eine ausgewachsene Gorilladame, die sich direkt neben uns lasziv auf den Rükken gelegt hatte, ein Bein über das andere, und uns neckisch anblinzelte.

Der Potto gehört zu den Halbaffen. Als Nachtwandler zieht er erst bei Eintritt der Dunkelheit auf Nahrungssuche. Bemerkenswert sind seine großen Augen, wie die aller Nachttiere.

Heute noch gibt es Pygmäen, diese Zwergmenschen des Kongourwaldes, in ihrer genügsamen, ursprünglichen Lebensweise. Aber je mehr der Regenwald gerodet wird, je mehr werden die Naturvölker gezwungen, sich den neuen Lebensbedingungen anzupassen.

An den Hängen der Virunga lebt der Baumschliefer, ein lebendes Fossil, das unserem Murmeltier sehr ähnlich aussieht, aber infolge seiner anatomischen Beschaffenheit für einen Vorfahr der Nashörner und Elefanten gehalten wird.

Nur der große Alte hatte sich noch
nicht blicken lassen. Doch dann saß er
plötzlich vor uns, knappe sieben Meter
entfernt, und schaute uns durchdrin-
gend an. Ihm paßte was nicht, das sah
man. Schon sprang er wie der Blitz auf
uns zu. Der berühmte Scheinangriff!
Mark Condiotti, wie immer einige
Schritte vor uns, blieb ruhig sitzen und
hob nur die Hand wie zum Gruß.
Daraufhin drehte der Alte ab und verschwand samt Familie im Wald. Wir
hörten das Trommeln seiner Fäuste
gegen seinen Brustkorb noch eine Weile, dann war es still um uns.

Am nächsten Tag wollten wir noch-
mals aufsteigen. Diesmal auf einen
anderen Berg und bis in die hoch gelegenen Hageniawälder. Der Marsch begann am Fuß des 3700 Meter hohen
Bergs Bisoki. Wie tags zuvor zogen wir
durch schmale Feldwege, vorbei an
Kartoffeln und Pyrethrum, vorbei an
Einheimischen, die arbeiteten. Ihre Kinder winkten uns zu. Das Licht war
diesmal besser, heller. Wir sahen den
Gipfel der Nachbarberge Sabynyo und
Mohabura.

Nach den Feldern kam ein Euka-
lyptuswald, danach ging es durch enge
steile Pfade hinauf in die Bambuszone.
Überraschend für uns die üppige Vegetation: Apfelsinenartige Bäume,
halbvertrocknete Büsche mit Zitronen,
blühende Nesseln, Veilchen, Thymian
und wilder Sellerie.

In 2400 Metern Höhe endlich die
erste Rast an einem idyllischen Berg-
see. Danach weiter aufwärts. Steigen
und Marschieren wurden beschwerli-
cher, die Luft immer dünner. Zudem
wurden auch noch die Nesseln größer

und stachen durch Hemd und Hosen.

In 3000 Meter Höhe endlich die Hageniawälder. Eine schaurig-schöne Landschaft! So ein Hageniabaum wird über 20 Meter hoch. Und er ist über und über mit weiß-grauen Flechten bewachsen, die wie Bärte im Morgenwind wehen. Hier leben die Gorillas. Doch wo? Das Suchen begann wieder.

Stundenlang suchten wir. Schwarzes Lavagestein unter den Füßen, Lianen zum Festhalten über uns. 400 Meter steigen, wieder 400 Meter abwärts rutschen. Und keine Gorillas. Am Ende waren wir alle so erschöpft, daß wir beschlossen, den Rückweg anzutreten. Im gleichen Moment kamen zwei unserer schwarzen Helfer angelaufen: Die Gorillas waren eine Viertelstunde von uns entfernt. Was ich da noch nicht wußte: Hier sollte ich die erstaunlichste Aufnahme meines Lebens machen.

Wir rutschten über die Steine, hangelten uns in Richtung Gorillaherde - dann sahen wir sie. Erst ein schwarzer Kopf, dann noch einer. Die ganze Herde war versammelt. Der Silberrückenmann saß am Fuß einer mächtigen Hagenia und betrachtete uns nicht eben freundlich.

Ganz plötzlich sprang er auf, rief die Seinen mit Locklauten und walzte den Hang hinab. Frauen und Kinder, die weiter oben gespielt hatten, kamen - aber sie ließen sich Zeit. Ich ließ die Kamera laufen und war vollauf beschäftigt, die Tiere immer im Bild zu behalten und bei den schnellen Bewegungen die Schärfe richtig einzustellen. Zunächst fiel mir nichts weiter auf.

Doch als ich mir in München dann mein Material ansah, da gab ich einen Schrei von mir, so daß meine Frau sagte: Jetzt ist er wirklich durchgedreht. Ich hatte eine Sensation gefilmt: Einer der Gorillas, der letzte der Herde, hatte einfach einen Bocksprung über einen meiner Träger gemacht!

Da ahnte ich noch nicht, daß dieser Totalkontakt mit einem Gorilla in meinem Leben noch mal eine Steigerung haben würde. Und das war jetzt, in diesem Jahr. Ich wollte nach Ruanda, um für meine Sendung "Sielmann 2000" zu drehen. Doch da war Krieg und wir konnten nicht hin. Also wichen wir aus nach Zaire, das mir schon bekannte ehemalige Belgisch-Kongo.

Am 3. März dieses Jahres, ich kam im Direktflug von Malaysia und Bangkok nach Frankfurt, flog ich nach nur drei Stunden Aufenthalt gleich weiter in die Hauptstadt Zaires, Kinshasa. Hundemüde kam ich spät nachts an, schlief ein paar Stunden im Hotel und mußte am anderen Morgen um vier schon wieder heraus, um die kleine Propellermaschine nach Goma zu erreichen. Goma ist eine zauberhafte Stadt am Kiwusee. Von hier aus erreicht man die Kiwu-Vulkanberge, die Heimat der Berggorillas.

Mein Team, Kameramann Dieter Höse und sein Tonmann und Assistent Gert Kappes, waren schon vorausgefahren. Mich steckte man in Goma sogleich in einen Range-Rover - und ein sechsstündiges Martyrium begann. Es war Regenzeit. Aus den mir von ganz früher bekannten guten Straßen waren Dreckschluchten geworden. Überall steckengebliebene Trucks an den Straßenrändern. Ausgefahrene Rinnen und Matschlöcher verhinderten ein schnelles Vorwärtskommen. Für die knapp 100 Kilometer brauchten wir sechs Stunden! Und ich mutterseelenallein in diesem Range-Rover, naß bis auf die Haut, erkältet und immer noch hundemüde...

Erst in der Dämmerung erreichten wir das Ende dieser Piste, wo mich meine Freunde erwarteten. Ich fiel aus dem Auto und hatte nur den einen Wunsch: Schlafen. Es war inzwischen ganz dunkel geworden. Und da zeigten mir die Freunde hoch oben im Berg ein Lämpchen, das dünn herableuchtete: "500 Meter müssen wir noch steigen!"

Wir begannen den Aufstieg. Urplötzlich brach ein brutales Tropengewitter auf uns hernieder. Ich hatte zwar eine dicke Öljacke an, aber das Wasser lief oben rein und unten raus. Schnell war der Regen zu Ende, stand der Vollmond wieder am Himmel. Wir waren alle naß, die Luft wurde dünner - ich hatte zum erstenmal Schwierigkeiten. Und trotz Müdigkeit konnte ich in dieser Nacht kaum schlafen.

Am nächsten Morgen stiegen wir weiter hinauf. Diesmal war das Auffinden der Gorillas nicht so schwer. Schon nach einer Stunde trafen wir sie. Doch es gab die gleichen Schwierigkeiten, wie immer: Man krabbelt hinter den Viechern her, sieht hier einen Kopf aus dem Gebüsch lugen und dort ein Bein. Da ist ja keine flache Waldwiese, da wächst strotzende Vegetation, die alles zudeckt und gute Verstecke bie-

te. Man muß schon Glück haben, mal einen Silberrückenmann in seiner vollen Größe zu sehen.

Diesmal fiel es mir nicht so leicht, physisch geschwächt durch die lange Anreise und wenig Schlaf, hinter den Kerlen herzulaufen, immer hinterher, ohne eine wirklich gute Begegnung mit den Tieren.

Und dann passierte ein Wunder.

Vor mir erschien einer der schönsten Silberrückenmänner, die ich in meinem Leben gesehen habe. Als wir eine Stunde lang mit dem schweren Film-, Ton- und Fotogerät hinter ihm hergewandert waren, kam eine kleine Lichtung.

Eine Stunde lang blieben die Gorillas nun auf dieser Lichtung und ließen sich in allen Posen von uns ablichten. Es war wunderbar. Am meisten freute sich unser Guide, unser Führer, daß er uns so wunderbare Aufnahmen ermöglicht hatte. Er blieb immer dicht an meiner Seite. Und dann passierte folgendes: Um mir zu helfen, wollte er links einen Zweig abbrechen, sagt noch "Attention"! - und schon kommt der riesige Silberrückenmann und packt unseren erschreckten Führer am Kreuz und fängt an, ihn am Boden zu schütteln. Er wollte ihm handgreiflich kundtun: Junge, Du weißt doch, nicht dichter als fünf Meter...

Mir schlotterten die Knie. Mir war klar, dieser Viereinhalb-Zentner-Bursche könnte ihn wie eine Weißwurst auseinanderreißen. Gott sei Dank ließ er ihn gleich wieder los.

Überlebenschancen

Leider hängt die Zukunft dieser herrlichen Geschöpfe an einem seidenen Faden. Die Landesteile, in denen die Gorillas zuhause sind, gehören zu den am dichtesten besiedelten Teilen Afrikas. Die Leute dort sagen sich: Erst kommt der Mensch, dann der Gorilla. Und bauen ihre Felder immer weiter hinauf in die Gebiete der Tiere. Doch selbst, wenn der Schutzpark ganz landwirtschaftlich genutzt würde, könnte er gerade mal den Bevölkerungszuwachs von drei Monaten aufnehmen.

Das Schutzgebiet mit seiner natürlichen Pflanzendecke bringt den Menschen mehr, wenn es nicht abgeholzt wird. Es ist der lebenswichtigste Wasserspender für Bevölkerung und Landwirtschaft. Obwohl das Schutzgebiet nur ein halbes Prozent der gesamten Landesfläche von Ruanda ausmacht, erhält es zehn Prozent der Regenmenge dieses Landes.

Ohne die Pflanzen würde das Wasser schnell oberflächlich ablaufen, würde während der Regenzeit Überschwemmungen und Bodenabtragungen verursachen, wie es in anderen Teilen Afrikas schon geschehen ist. Und man hat auch im Naturschutzgebiet schon Erfahrungen gemacht: Nachdem man zwei Fünftel des Parks für den Anbau von Pyrethrum weggenommen hatte, trockneten die aus dem Schutzgebiet kommenden Flüsse aus.

Naturschutz- bemühungen des WWF in Afrika

Afrika mit seiner ungewöhnlich hohen Diversität an Arten, Lebensgemeinschaften und Ökosystemen ist der klassische WWF-Kontinent. Für ihn hat sich der WWF schon immer in besonderem Maße interessiert. Heute sind es insbesondere fünf Staaten, auf die sich die WWF-Aktivitäten konzentrieren: Kamerun, Gabun, Zaire, Tanzania und Zambia. Und schließlich noch Madagaskar, wo der WWF besonders stark engagiert ist. Ausschlaggebend für die Wahl dieser Länder waren der Gefährdungsgrad der natürlichen Lebensräume, die durch Naturschutzprojekte zu erwartenden sozialen und wirtschaftlichen Vorteile für die betroffene Bevölkerung und die Erfolgswahrscheinlichkeit der Vorhaben. In weiteren 16 Ländern des Kontinents führt der WWF kleinere Projekte durch oder ist zumindest an der Umsetzung von Umwelt- und Naturschutzmaßnahmen beteiligt.

Ursprünglich wurden in Afrika Reservate und Nationalparks eingerichtet, um besonders attraktive Tierarten oder spektakuläre Großtierherden zu schützen. Bis vor wenigen Jahren befanden sich auch die meisten Schutzgebiete in den mehr oder weniger offenen, mit Gras bewachsenen Savannenlandschaften. Als dann die äquatornahen, geschlossenen Waldgebiete

und die unzugänglicheren Lebensräume im Hinblick auf die kontinentale Bewährung der biologischen Vielfalt an Bedeutung zunahmen, wurden auch die Naturschutzbemühungen in diesen Landstrichen verstärkt.

Während zwischen 1961 und 1990 noch 34% der WWF-Projekte im östlichen Afrika und 25% im südlichen Afrika durchgeführt wurden, fanden in Zentralafrika lediglich 15% und in Westafrika 16% der Vorhaben statt. 1990/91 sieht das Verteilungsmuster schon ganz anders aus. 21% der Naturschutzbemühungen des WWF entfallen auf Zentralafrika, 24% auf Westafrika und je 22% auf das östliche und südliche Afrika. Die meisten Projekte, nämlich 37%, konzentrieren sich auf die tropischen Regenwaldbereiche, 29% zielen auf die Erhaltung sowie die naturverträgliche Nutzung der subtropischen Waldlandschaften ab und 12% der Aktivitäten betreffen die Feuchtgebiete und bestimmte Küstenabschnitte.

Eines der Hauptanliegen des WWF gilt dem Schutz der Berggorillas. Ihr Verbreitungsgebiet erstreckt sich einerseits auf das Dreiländereck Zaire, Ruanda, Uganda sowie andererseits auf den Bwindi-Wald in Uganda. Durch Wilderei und Lebensraumverlust, bedingt durch zunehmende menschliche

Foto oben
Von 1965 bis heute hat sich die Bevölkerung Afrikas verdoppelt. Ruanda gehört zu den am dichtesten bevölkerten Ländern, und so dringen Ackerbau und Viehzucht immer höher ins Bergland der Virungavulkane vor. Dabei wird den Berggorillas der Lebensraum unter den Füßen weggezogen. Hinzu kommt das Schlingenstellen zum Fang der kleinen Bergantilopen. Viele Gorillas geraten in die Schlingen und kommen damit in Lebensgefahr.

Mit der Erfindung der Elektrosäge hat der Mensch in wenigen Jahrzehnten bereits die Hälfte der Tropischen Regenwälder vernichtet. Auch im Kongourwald ist der Primärwald links und rechts der Straßen weitgehend abgeholzt.

Besiedelung sowie land- und forstwirtschaftliche Erschließung der Regenwälder, sind sie in höchstem Maße gefährdet.

In Zusammenarbeit mit der Frankfurter Zoologischen Gesellschaft, der Internationalen Union zum Schutz der Natur (IUCN) und dem Zairischen Institut für Naturschutz (IZCN) wurde 1984 im Virunga-Nationalpark ein Projekt zum Schutz der Berggorillas begonnen. Aufgabe des Projekts war zunächst die Angewöhnung der Gorillas an den Menschen und schließlich der Aufbau und die Organisation eines kontrollierten und naturverträglichen Tourismus. 1987 wurde dieses Vorhaben durch eine gezielte Aufklärungs- und Informationskampagne in den umliegenden Dörfern und Ansiedlungen flankiert. Zielgruppen waren die ländliche Bevölkerung im Einzugsgebiet des Nationalparks, Primär- und Sekundarschulen, Verwaltungseinrichtungen und schließlich die Aufsichtsbehörde des Nationalparks selbst. Als eine der Maßnahmen zur Grundbedürfnisdeckung der Bevölkerung wurden unter anderem 600.000 Bäume in 36 verschiedenen Arten angepflanzt. Weitere Aktivitäten des WWF zielen auf den Schutz des Okapis ab, wobei es auch hier letztlich um die Erhaltung des Lebensraumes, der Tieflandregenwälder mit ihrer einzigartigen biologischen Vielfalt geht. Der Itusi-Wald in Zaire ist die angestammte Heimat des Okapis, das erst 1901 entdeckt wurde.

Ziel der Schutzbemühungen im Ituri-Wald ist es, eine schonende und naturverträgliche Nutzung der vorhandenen Ressourcen zu entwickeln sowie weite Teile des Waldes integral zu schützen und als Nationalpark ausweisen zu lassen. Geplant ist die Einrichtung einer Pufferzone, in der gewisse traditionelle und extensive, mit dem Naturschutzziel vereinbare Nutzungsformen durch die ländliche Bevölkerung praktiziert werden können. Entsprechende Forschungsvorhaben zur Gewinnung tieferer Kenntnisse über die ökologischen Abhängigkeitsverhältnisse im Ituri-Waldsystem sowie eine angepaßte Öffentlichkeitsarbeit im Hinterland des geplanten Nationalparks sollen die Bemühungen um die Erhaltung der biologischen Vielfalt in diesem einzigartigen Waldbereich ergänzen.

Das Rift Valley

Beutegreifer der Savanne

Neun Monate hatten wir im tropischen Regenwald verbracht. Neun Monate Feuchtigkeit und Hitze, die nicht nur für uns, sondern auch für unsere empfindlichen Kameras anstrengend waren. Mich ärgerte auch das dauernde Problem mit den Lichtverhältnissen. Es war deshalb rundum eine wahre Freude, mal wieder im hellen Licht der Sonne filmen zu können, richtig viel Wasser um mich herum zu sehen und etwas auszuruhen.

Denn inzwischen waren wir am Ufer

des Eduardsees angekommen. Hier ist eine der schönsten Landschaften Afrikas: Bewaldete Berge senken sich zum blauschimmernden See hinab, gegenüber der mehr als 5000 Meter hoch aufragende Ruwenzori, dessen Gipfel weiße Gletscher wie Mützen zieren. Winter in seiner schönsten Form, direkt am Äquator. Einzigartig für Afrika.

Im Süden, wo der Semliki in den Eduardsee mündet, dehnt sich eine weite, wildreiche Savanne. Auf den zahlreichen Sandbänken der Strommündung ruhen Tausende von Kormoranen aus. Im seichten Gewässer fischen Sattelstörche, rosarote Pelikane, jagen Schreiseeadler, die schönsten Greifvögel Afrikas.

Schon aus der Ferne sahen wir die Flußpferde, sahen Wasserböcke aus der Savanne zur Tränke kommen, auch Elefanten waren da.

Leider war das Holz, das man in dieser Landschaft finden konnte, wenig geeignet für den Bau eines Ansitzes, wie wir ihn zum Filmen brauchten. Darum ließen wir uns aus Bukavu Metallrohre und Schraubverschlüsse per Lastwagen herbeischaffen und bauten daraus ein stabiles Gerüst. Dieser Turm bot den besten Blick ins Reich der Tiere, den ich bis dahin je hatte.

Nun konnte ich sogar die Löwen beobachten, die Tiere, die angeblich "die mächtigsten und gefährlichsten Raubtiere auf Erden" sein sollen. So jedenfalls sagen es Mythen und Sagen.

Ich entdeckte die Löwen zum erstenmal, als ich eines Nachts in unserem Lager am Semliki aus meinem Zelt stieg und ein paar Schritte lief, um nach den Sternen zu sehen. Ich ging - und bemerkte vor mir ein paar Hügel, die am Tag zuvor noch nicht dagewesen waren. Hügel, die sich bewegten...

Löwen! Vorsichtig, immer einen Schritt nach dem anderen, das Gesicht ständig den Tieren zugewandt, schlich ich zurück und weckte meine Kollegen auf. "Löwen?" Sie lachten und glaubten kein Wort. Doch sie packten ihre schweren Stablampen und leuchteten in die Nacht. Da lag sie vor uns: Eine Löwenfamilie.

Als ich Jahre später einen Fernsehfilm über Löwen drehte, stieg ich mit meiner Kamera aus dem Jeep und pirschte mich ohne Angst an eine Löwengruppe an. Allerdings stand der Jeep mit laufendem Motor bereit. Doch

ich wußte jetzt, daß die Viecher sich eher vor mir zurückziehen, als daß ich wieder rückwärts davonschleichen mußte.

Löwen sind weitgehend nachtaktiv. Am Tage ruhen sie behaglich im Schatten der Schirmakazien. Nur die Kleinen spielen fröhlich, haschen nach der Schwanzquaste der Mutter oder turnen auf dem Löwenpapa herum. Das sieht sehr putzig aus, aber für einen Film ist das zu wenig. Was tun?

Ich wollte sie doch unbedingt bei der Jagd auf eine Beute filmen, beim Fressen, wo man die interessante, streng gegliederte Hierarchie in der Familie am besten dokumentieren konnte. Zuerst schlägt sich der alte Löwe, das Oberhaupt, den Bauch voll, obwohl er das mühsame Beschaffen der Beute gern anderen überläßt. Nach ihm darf die Löwenfrau an die Reste, und ganz zum Schluß kommen die Jungen dran. Nur wenn reichlich Beute vorhanden ist, wird auch mal gemeinsam gespeist.

Ohne solche Szenen wäre ein Film über die Verhaltensweisen der Löwen einfach nicht vollständig. Was also tun?

Ein Zufall kam uns zu Hilfe. Wir fanden in der Savanne eine verendete Antilope. Wir banden sie mit einem dreißig Meter langen Drahtseil hinten an den Jeep und fuhren damit auf die Löwenfamilie, die immer noch in der Nähe war, zu. Vermutlich roch die

Foto Seite 44/45
Löwen leben in der Gemeinschaft zahlreicher Artgenossen.
Diese Gemeinschaft ist die beste Gewähr für regelmäßige
Nahrungsbeschaffung. Die Jagd wird in erster Linie von einer
erfahrenen Löwin ausgeübt. Das Beutetier, ein Zebra, ein Gnu
oder eine Antilope, dient erst einmal dem ältesten männlichen
Löwen als Nahrung. Oft jagen Löwen nach dem taktischen
Plan einer Treibjagd, bei der sie Beutetiere in die Richtung der
sprungbereit lauernden Artgenossen treiben.

Bei der drückenden Hitze in der Savanne sind Löwen
vorzugsweise nachts aktiv. Am Tage ruhen sie meistens im
luftigen Schatten der Akazienbäume.

Die hochbeinigen Geparden sind ein Bindeglied zwischen den
Katzen und den Hunden. Sie heißen auch Jagdleoparden, weil
die einst in Indien lebenden "Tschitas" vom Menschen für die
Jagd auf Gazellen abgerichtet wurden.

Beute gut, denn als der Jeep immer engere Kreise um die Löwengruppe zog, da stürzten sie sich endlich auf die tote Antilope. Sie wollten sie vermutlich in den Schatten zerren. Schlecht für meinen Film. Ich brauchte Licht, Sonne. Also fuhren wir mit dem Jeep einfach davon. Ganz langsam. Tatsächlich: Die Löwen kamen hinterher. Wir hielten an einem hellen sandigen Platz - sie fingen sofort an, Mahlzeit zu halten. Sie waren dabei so gierig, daß wir mit dem Jeep bis auf fünf Meter heranfahren konnten. So entstanden die leinwandfüllenden Cinemascope-Bilder, grandios, nie vorher so gezeigt. Und Tage später war uns das Glück wieder hold: Wir konnten eine Löwenjagd am hellen Tag filmen, was nun wirklich selten ist. Die großen Raubtiere jagen auf verschiedene Art. Entweder sie veranstalten eine Treibjagd, an der sich nahezu alle erwachsenen Tiere einer Sippe beteiligen. Sie kreisen das Beutetier ein und wer am nächsten dran ist, der springt es an und verbeißt sich in seiner Kehle. Die anderen flitzen herbei und geben ihm den Rest.

Oder ein Tier jagt allein, schleicht sich an, lauert im Hinterhalt und überfällt die Beute überraschend. Schafft es

Junge Löwen kommen wie alle Katzenkinder recht
unbeholfen zur Welt. Aber schon nach sechs Wochen folgen
sie der Mutter auf kurzen Streifzügen. Die Mutter umsorgt die
Kleinen mit rührender Hingabe.

entkommen, läßt ein allein jagender Löwe es gehen.

Kein Tier ist so schnell wie der Gepard. Bis zu 100 Stundenkilometer jagt er heran - und er hat immer nur das eine Tier im Auge. Deshalb kann man ganz bizarre Szenen erleben: Ein Gepard jagt eine Gazelle durch andere äsende Gazellen hindurch - und keine dreht sich auch nur um. Sie wissen, daß er nur dieses eine Tier im Visier hat.

Wir sahen nahe bei unserem Lager auch Leoparden. Ihnen genügt als Dekkung beim Jagen hohes Gras oder Gestrüpp. Auch Hyänen gaben öfter ein Gastspiel. Diese Tiere sind arg in Verruf gekommen, vermutlich weil sie so häßlich aussehen - für Menschenaugen jedenfalls. Und weil sie überwiegend in der Nacht herumschleichen und ihre schaurigen Töne hallen lassen. Doch auch die Hyänen haben ihre wichtige Aufgabe in der Natur: Sie sind die "Gesundheitspolizei". Sie beseitigen verendete Tiere, bevor diese durch Verwesung und Bakterien anderen Tieren gesundheitlich schaden können.

Wehrhaftes Großwild

Unser Lager am Semliki war ein idealer Platz zur Beobachtung und zum Filmen der Tiere, die damals noch zahlreich durch die Savanne streiften. Tagelang lauerten wir im Gebüsch bei Ishango auf die Nilpferde, die es hier noch in Mengen gab. Ihren Namen hatten sie zwar vom Nil, doch in vielen Flußabschnitten, insbesondere in

Nashörner gehören zu den existenzbedrohtesten Tieren. Die Ursache ist das Horn oder das Doppelhorn auf dem Vorderende des Nasenbeins. Seit Jahrhunderten ist das Horn eine begehrte Handelsware des Menschen. Im Jemen gibt es eine riesige Nachfrage nach Dolchgriffen aus geschnitztem Horn. Untersuchungen ergaben, daß allein für diesen Bedarf ungefähr tausend Nashörner pro Jahr getötet wurden. Schlimmer waren die Nachstellungen, seitdem das pulverisierte Horn in allen Teilen Asiens als Heilmittel Verwendung findet für ein breites Spektrum von Beschwerden. Hinzu kommt der Aberglaube, daß das pulverisierte Horn als Aphrodisiakum besondere Wirkung erzielen soll.

Ägypten, sind sie schon seit Beginn des vorigen Jahrhunderts verschwunden. Ich nenne sie deshalb auch lieber Flußpferde. So ein Flußpferd hat eigentlich nur den Menschen zum Feind. Als dieser noch mit Pfeil und Bogen schoß, konnten sie die Verluste durch Geburten wieder ausgleichen. Aber gegen die Feuerwaffen der Zivilisation kann auch eine noch so hohe Geburtenrate nichts mehr ausrichten. Nach und nach wurden sie ausgerottet. In manchen Gegenden gibt es kein einziges mehr. Doch damals konnten wir am Eduardsee und im Semliki noch viele Herden beobachten.

Sie sind Pflanzenfresser. Bei Nacht steigen sie aus dem Wasser, in dem sie den größten Teil ihrer Zeit verbringen, und wandern über Land, um Gräser und Pflanzen zu fressen. Da ihnen dabei auch Plantagen, Gärten und Gemüsepflanzungen in den Weg kommen, die wahre Leckerbissen für die Flußpferde enthalten, haben sie auch noch die Farmer zum Feind.

Wir wollten am Semliki ihren Tagesrhythmus filmen, ihre Lebensgewohnheiten, ihr Verhalten beim Fressen und bei der Flucht. Also bauten wir einen Erdbunker. Der Kern bestand aus Stahlrohren, die Tarnung waren Schilfbündel. Wegen der kurzen Brennweite unserer Cinemascope-Objektive mußten wir einfach nah heran an die Darsteller des Films. Und diese großen Tiere sind sehr gefährlich. Besonders die Mütter mit ihren Kindern. Schon eine kleine Bewegung, ein fremdes Geräusch, ein fremder Geruch können Alarm auslösen. Dann waren alle Vorbereitungen umsonst, denn dann würden alle verschwinden.

Wir hatten Glück. Sie sahen und rochen uns nicht in unserem Versteck. So filmten wir zwei Wochen lang aus unmittelbarer Nähe. Es war überaus interessant. Flußpferde, die über drei Tonnen schwer werden können, sind sehr gesellig. Unsere Herde hatte zwölf Tiere, Bullen, Kühe, halbwüchsige Jungtiere und zwei ganz kleine. Der Altbulle bewacht das Territorium. Er vertreibt jeden Rivalen, der sich in die Nähe wagt. Die Auseinandersetzungen beginnen mit Imponiergehabe: Jeder reißt sein Maul auf und stellt seine gewaltigen Zähne zur Schau. Dann warten sie eine Weile. Hat es genutzt? Ist der Eindringling beeindruckt? Nein? Na, dann aber drauf! Der Altbulle

stürmt dem Rivalen nun mit Karacho entgegen, es staubt unter seinen Füßen, der Lärm ist gewaltig. Voller Wucht rammt er ihm seine unteren scharfen Eckzähne in den Leib. Der Kopf stößt immer wieder zu. Nun haben die Flußpferde zwar eine dicke Haut, aber diese Donnerstöße führen dennoch oft zu tiefen Fleischwunden.

Sie kämpfen sich richtig in Wut, die beiden, oftmals, bis einer tot umfällt.

Wir filmten auch, wie sie tauchen. Dabei verschließen sie die schlitzförmigen Nasenlöcher. Tauchen sie dann nach wenigen Minuten wieder auf, schleudern sie das Wasser mit einem Schwung aus den Ohren, daß es nur so spritzt. Im Wasser halten sie Augen, Ohren und Nase aus dem feuchten Element heraus, der Rest ist unter Wasser. Aber meistens schwimmt das Tier nicht, sondern marschiert durch den Pflanzenwuchs des Flusses. Wenn es richtig schwimmt, guckt auch der Rücken aus dem Wasser. Dann lassen sich Vögel darauf nieder, Nilgänse, Kor-morane oder Schlangenhalsvögel. Eine Idylle. Sie benutzen das Tier wie eine Insel und tauchen von da aus nach Fischen.

Zum Schlafen verschwinden sie auf eine Sandbank. Ist es sehr heiß, schwitzen sie mächtig, eine braunrote Flüssigkeit rinnt dann aus der Haut. Schon verschwinden sie wieder im Wasser. Und am Abend machen sie sich auf, zum Fressen. Sie haben ihre Weideplätze, zu denen richtige Flußpferdstraßen führen. Es ist nicht ratsam, diese ausgetretenen Pfade zu benutzen. Denn wenn irgendeine Gefahr droht, rast das Nilpferd zurück zum Wasser und trampelt alles nieder, was sich ihm auf seinem Fluchtweg entgegenstellt. Mich hätte auf diese Weise beinahe eine Flußpferd-Mutter erwischt, die ihr Junges in Gefahr sah. Sie lagen in einem Schlammtümpel, ich filmte aus nächster Nähe. Gerade wechselte ich das Objektiv, als sie auf mich aufmerksam wurde. Nie hätte ich geglaubt, daß diese Dreitonner so schnell sein könnten. Ich ließ die Kamera stehen und hechtete ins Gebüsch. Gerade noch rechtzeitig. Als sie mich nicht mehr sehen konnte, lief sie zurück zum Jungen. Meine Kamera blieb unbeschädigt.

So ähnlich erging es mir auch mit einem anderen Großwild der Savanne, dem Elefanten. Wir waren gerade

auf der Suche nach Löwen, als plötzlich ein Elefantenbulle vor uns stand. Er war alt und allein. Seine Stoßzähne reichten fast bis zum Ende des Rüssels. Da Elefanten nicht besonders gut sehen können, stieg ich mit meiner Kamera aus dem Jeep und ging bis auf 30 Schritt an ihn heran. Ich fühlte mich sicher, was immer ein Fehler ist. Die Kamera begann zu surren, da stellte der Riesenbulle seine großen Ohren auf, schwenkte den Rüssel. Ein dröhnender Trompetenstoß - und eine wirbelnde Staubwolke raste auf mich zu. Er hätte mich mit seinen Säulenbeinen zertrampelt, hätte mein schwarzer Fahrer nicht so schnell reagiert: Diagonal zum Elefanten brauste der Jeep heran, ich sprang hinein und weg waren wir.

Die Elefanten, die wir bisher im Urwald kennengelernt hatten, waren alle kleiner gewesen. Nicht so wie diese Riesen der Savanne. Sie werden dreieinhalb Meter hoch, viereinhalb Meter lang und bis zu fünf Tonnen schwer.

Solche afrikanischen Elefanten sieht man bei uns im Abendland selten mal. Sie sind fast nicht zu zähmen. Was wir bei uns im Zirkus haben, sind fast immer indische Elefanten, die ein ausgeglichenes Gemüt haben und meist umgänglich sind. Afrikanische Elefanten, die schwersten Landsäugetiere der Erde, kommen von den Niederungen bis in 2000 Meter Höhe vor, brauchen etwa vier Zentner Futter pro Tag und etwa 150 Liter Wasser, um ihren Durst zu stillen. Sie baden ausgesprochen gern und dies gelegentlich sogar zweimal pro Tag. Wir kennen heute zwei Arten von Elefanten: den afrikanischen Vertreter, der die unterschiedlichsten Lebensräume des schwarzen Kontinents besiedelt, und den asiatischen Elefanten, der in den Waldgebieten von Indien bis Südostasien vorkommt.

In Asien und in Afrika setzt sich der WWF für den Schutz des Elefanten ein. Gefährdet sind die grauen Riesen einerseits durch Jagd, die ausschließlich auf die Gewinnung von Elfenbein abzielt, andererseits aber auch durch Verlust von Lebensraum, in den der Mensch immer weiter vordringt. Während der Bestand in Afrika auf etwa 600000 Tiere geschätzt wird, schwanken die Angaben über den asiatischen Elefanten zwischen 30000 und 40000. In Afrika entwickelt der WWF ein integriertes Schutzkonzept für die Elefantenbestände und den Lebens-

Das Flußpferd gehört zwar zu den Paarhufern, ist aber nicht mit den Pferden verwandt. Diese gut 4 Meter langen Kolosse mit einem Gewicht bis zu 3200 kg leben gesellig in Herden. Nachts unternehmen Flußpferde weite Wanderungen von ihren Stammquartieren, Seen und Flußläufen, um als Vegetarier ergiebige Weideflächen aufzusuchen. Der Name Nilpferd hat längst seinen Sinn verloren, denn aus dem ägyptischen Nil waren sie schon am Anfang des vorigen Jahrhunderts verschwunden.

Das große afrikanische Wildrind, der Kaffern- oder Schwarzbüffel, erreicht ein Gewicht von 800 kg. Die Bullen tragen imposante Gehörne, die weit über einen Meter spannen. Seine Angriffswut wird oft übertrieben. Es ist aber bekannt, daß angeschossene Kaffernbüffel zu einem lebensgefährlichen Gegner werden.

Die zum Rüssel verlängerte Nase der Elefanten ist ein vielseitiges Werkzeug: Sie kann Zweige zum Mund führen, Trinkwasser hochsaugen, ein Staubbad bewirken, als Trompete und als gefährliche Schlagwaffe eingesetzt werden. Um die lebenswichtigen Wasserstellen aufzusuchen, legen Elefanten gelegentlich 50 km und mehr am Tag zurück.

Elefanten sind die größten Landsäugetiere der Erde. Einst waren sie über die ganze Erde verbreitet. Heute leben sie nur noch in Afrika, Indien und Südostasien. Elefanten leben sehr gesellig in zumeist großen Herden. Alte Bullen ziehen sich oft zurück und leben als Einzelgänger, vor denen man auf der Hut sein muß. Sie wollen ihre Ruhe haben.

Das Warzenschwein ist die wohl ungewöhnlichste Erscheinung aus der Schweinefamilie. Um die Augen und Schnauze stehen große Warzen. Die mitunter riesigen oberen Eckzähne wirken wie ein Gehörn. Sie dienen zum Aufwühlen des Bodens sowie zur Verteidigung. Mit diesen Waffen können Warzenschweine ihre natürlichen Feinde in Schach halten. Sie wohnen meistens in Erdhöhlen, die sie anderen Tieren wegnehmen.

Wenn man den Sekretär wie einen stattlichen Stelzvogel über die Savanne schreiten sieht, glaubt man, einen Kranich oder Storchenvogel vor sich zu haben. Er gehört aber zu den Greifvögeln und lebt von Großinsekten, Reptilien und Kleinsäugern. Farmer lieben den sonderbaren Vogel, weil er Schlangen und andere Schädlinge kurz hält. Den Namen hat er von den absonderlichen Nackenfedern, die hoch aufgerichtet so ausschauen, wie ein Bündel Schreibfedern hinter dem Ohr eines Gerichtsschreibers in alten Zeiten.

Zu den eindrucksvollsten Erscheinungen in der afrikanischen Savanne gehören die Zebras, denen man zum Beispiel in der Serengeti oder in der Masai Mara auf der Suche nach Wasser und neuen Weidegründen oft in riesigen Herden begegnen kann. In Afrika gibt es die eselähnlichen Bergzebras, die mehr pferdeähnlichen Steppenzebras und die Grevyzebras. Sie sind mit einer Schulterhöhe von 160 cm die größten wildlebenden Einhufer. Zebras können mit Pferd und Esel gekreuzt werden; Pferde- und Eselzebroide sind aber nicht weiter fortpflanzungsfähig.

Giraffen sind die höchsten Tiere der Erde. Sie haben eine Körperlänge bis zu 5,80 m. Sie bewohnen den gesamten Vegetationsbereich Afrikas vom Rand der Sahara bis nach Kapstadt. Natürliche Feinde haben Giraffen kaum zu befürchten, da sie sich mit den kräftigen Hufen gut verteidigen können. In Ostafrika beobachten wir die Masaigiraffen, wie sie die Blätter der Akazien mit ihrer langen Zunge pflücken. Der Rotschnabel- Madenhacker ist ein Kammerdiener der Giraffen. Er befreit aber auch andere Großwildarten, ferner Rinder und Pferde von Zecken und Insekten.

raum in Kamerun, in der Zentralafrikanischen Republik und in Zaire.

In Asien entwickelt der WWF zusammen mit der Internationalen Union zum Schutz der Natur (IUCN) einen Managementplan zum Schutz der letzten Elefanten und zur Lösung des Nutzungskonflikts, der überall da entsteht, wo der Mensch die Lebensräume der Wildtiere verändert.

Der Vogelsee bei Astrida

Eins der herrlichsten Abenteuer bei diesem Film war unsere Arbeit am Vogelsee nicht weit von dem Städtchen Astrida. Astrida lag in Ruanda Urundi, damals noch eine Provinz im belgischen Kongo. Die Belgier nannten diesen See "Lac des Oiseaux". Und dort war damals die Wasservogelwelt in wirklich seltenem Reichtum der Arten vertreten.

Wir hatten eine lange staubige Fahrt durch die Savanne hinter uns gebracht, kurvten gerade aus einer Serpentine herab - da sah ich diesen See unter mir ausgebreitet. Es war atemberaubend. Gleich vorne an in einer Papyrus-bucht suchten mindestens tausend Marabus im Wasser nach Nahrung. Einige dieser kahlköpfigen Störche flogen auf, schwangen sich in den azurblauen Himmel. Der See hatte viele schwimmende Inseln. Dort wohnten zahlreiche Arten von Ibissen und Stelzvögeln dicht beisammen. Ganze Kolonien lebten friedlich miteinander. Und rings um den See wurde das Land von den Watussi kultiviert, jener hochgewach-senen, schlanken Menschenrasse, die als Merkmal ihres Reichtums Rinderherden hüteten. Diese Menschen schlachteten nur in allergrößter Not mal ein Tier. Sie jagten nicht, und sie ließen die Vögel auf dem See in Ruhe. Mensch und Tier lebten in friedlicher Gemeinschaft.

Am Ufer des Sees lag eine katholische Mission, wo man uns freundlich aufnahm und unterbrachte. Einer der Missionare, Pater Aurélien, begleitete mich auf meiner ersten Erkundungsfahrt. Mit einem Einbaum ließen wir uns auf eine der schwimmenden Inseln zustaken. Die Vögel schreckten nicht vor uns zurück. Sie hatten noch keine

Flamingos ernähren sich von Krebstierchen, Algen und Einzellern, die sie mit ihrem zu einem Filterapparat gestalteten Schnabel aus dem Wasser heraussieben. Flamingos brauchen große Nahrungsmengen, weil sie zumeist in riesigen Scharen zusammenleben. Solche Voraussetzungen finden sie in Salzseen warmer Gegenden, wie auch in verschiedenen Feuchtgebieten am afrikanischen Graben.

Die Watussimädchen imitieren die Balztänze der großen Stelzvögel und zeigen hiermit ihre Bereitschaft zur Ehe. Ihre Körperbewegungen, ihre Sprünge und Gesänge gleichen dem Liebesspiel der Kronenkraniche.

Im Gegensatz zu den bei uns beheimateten Kranichen, die die Nähe der Menschen meiden, sind die Kronenkraniche Afrikas Kulturfolger, vergleichbar mit Freund Adebar, dem Weißen Storch. So nisten Kronenkraniche auf den Anbauflächen der Eigeborenen. In der Balzzeit vollführen sie attraktive Balztänze.

Die Kronenkraniche in Ruanda Urundi führen ein gesichertes Leben. Einen Kronenkranich zu töten, käme einem Frevel gleich. Und die großen Stelzvögel wissen, daß die Menschen, die am Rande des Sees ihre Felder bestellen, ihnen nichts antun. Sie suchen auf den Feldern nach Nahrung und nisten sogar auf den Feldern.

schlechten Erfahrungen mit Menschen gemacht.

Die Insel bestand aus einer meterdicken Schicht miteinander verfilzter Vegetation, die vom Wasser getragen wurde. Es wuchsen sogar Büsche darauf. Und in den Zweigen dieser Büsche bauten die Vögel ihre Nester.

Jedes Tier hatte dabei einen festen Platz im gesamten Organisationsgefüge, sei es innerhalb der Mitglieder seiner Art, sei es innerhalb der Artengemeinschaft Die Vögel mit den stärksten, den wehrhaftesten Schnäbeln besetzten die oberen Etagen: Schwarzkopfreiher, Nimmersattstörche und Klaffschnabelstörche. Vögel mit weicheren Schnäbeln hatten "unten" ihr Quartier bezogen: Reiher, Ibisse und Löffler .

Wir bauten uns ein Floß, die Patres halfen uns dabei. Sie gaben uns das Holz dazu, die Handwerker und leere Benzintonnen als "Tragflügel". Auf diesem kräftigen Floß errichteten wir einen zwei Meter hohen Turm, auf jeder Etage lief je eine Cinemascope-Kamera. So konnten wir gleichzeitig Baum- und Bodennester filmen. Kräftige Watussi paddelten uns zu den Inseln. Klar, daß wir mit diesem Ungetüm erst mal einen gewaltigen Aufstand unter den Vögeln verursachten. Sie flogen zu Tausenden laut lärmend in die Höhe. Doch als sich der Turm nicht mehr vom Fleck bewegte, und auch wir uns nicht mehr sehen ließen, beruhigten sie sich wieder.

Wir filmten so die bunten Zwerggänse, das kleine azurblaue Purpurhühnchen, das auf langen Zehen über Seerosenblätter gehen kann. Wir filmten das Nistverhalten der großen Stelzvögel, ihre Begrüßung, ihre Balz, die Paarung und das Brutgeschäft. Wir filmten auch die "Hackordnung" bei den am Boden brütenden Vögeln: Immer eine Schnabelweite vom Nachbarn entfernt erst stand das nächste Nest.

Doch nirgendwo gibt es ein ungetrübtes Paradies. So trieb der Nachtreiher einen mörderischen Nahrungserwerb: Langsam und tief geduckt schlich er durch die Gassen im Labyrinth der Nester. Die dunkelroten Augen glühten, der Schnabel war immer zum Stoß gezückt. Und wenn ein Brutvogel auch nur für eine Sekunde seine Brut verließ, riß er blitzschnell einen kleinen Nestling heraus und war

verschwunden, bevor die Mutter sich auch nur umdrehen konnte.

Jeden Nachmittag besuchten Scharen von wundervollen Kronenkranichen die schwimmenden Inseln. Sie führten dort ihre für menschliche Begriffe zauberhaft eleganten Balztänze auf. Wir lernten, daß die jungen Mädchen der Watussi diese Kranichtänze imitierten - als Liebeswerben um einen Mann. Nie wieder fiel uns die Wechselbeziehung zwischen Mensch und Tier so auf, wie hier. Wir konnten auch diesen Kranichtanz der Mädchen filmen, obwohl die Einheimischen damals noch sehr zurückhaltend und scheu waren. Dank der freundlichen Missionare jedoch durften wir filmen, wie sie sich bewegten, wie ihre Sprünge, selbst ihre Gesänge, dem graziösen Liebesspiel der Kronenkraniche angepaßt waren.

Die schrumpfende Savanne

Heute hat sich die Situation der afrikanischen Savannen grundlegend verändert. Was von den unberührten Weiten und der grandiosen Tierwelt noch übrig ist, ist überwiegend in den Schutzgebieten zu finden. Der Tierbestand geht alarmierend zurück. Von 65000 im Jahre 1970 gezählten Nashörnern gibt es gerade noch 4500. Wenn nichts getan wird, kommen die Tiere nicht über das Jahr 2000.

Schuld für den Schwund dieser Natur gibt man der extremen Bevölkerungsexplosion Afrikas. Dem zunehmenden Anspruch auf Land. Die Länder, inzwischen alle unabhängig geworden, frei von den Anordnungen einstiger Kolonialmächte, sagen: Jetzt wollen wir endlich mal Geld verdienen. Das hat in bestimmten Gebieten beispielsweise fast zur Ausrottung der Elefanten geführt, des "weißen Goldes", des Elfenbeins wegen. Auch zur Beinahe-Ausrottung des Nashorns, das nur wegen seines Horns gejagt wird. Pulverisiert soll es angeblich die Manneskraft stärken, was ein unglaublicher Unsinn ist. Ähnliches sagt man von den Gorillas, von denen abgehackte Hände und Köpfe als Souvenir verkauft wurden. Es gibt immer Leute auf der Welt, die dafür bezahlen.

Ein Beitrag zum Schutz von Pflanzen und Tieren ist die Ausweisung von Nationalparks und Reservaten. Dies allein reicht aber nicht aus. Vielmehr geht es heute darum, das Hinterland solcher Schutzgebiete unter besonderer Berücksichtigung der Grundbedürfnisdeckung des Menschen in das Naturschutzkonzept einzubeziehen. Dabei steht vor allem die Nutzung von Wildtieren zur Belieferung der ländlichen Bevölkerung mit Fleisch im Vordergrund. In der Vergangenheit traditionell bejagt und auf die Versorgung der eigenen Familie oder der Dorfgemeinschaft abgestimmt, wird Wildtieren heute mit modernen Schnellfeuerwaffen meist über den Eigenbedarf hinaus nachgestellt. Dadurch wurden bestimmte Wildtierarten lokal ausgerottet oder an den Rand der Ausrottung gebracht. Dieses Problem kann nur dadurch gelöst werden, daß auf der Basis von Wildbestandserhebungen eine schonende und kontrollierte Wildtiernutzung entwickelt wird, die ein Miteinander von Mensch und Tier auf Dauer erlaubt. Diese an die örtlichen Bedingungen angepaßte Landnutzungsform ist der Weidewirtschaft mit Haustieren weit überlegen. Im Gegensatz zu Wildtieren, die sich auf den Verzehr bestimmter Futterpflanzen spezialisiert haben, fressen Rinder fast alle verfügbaren Pflanzen und grasen so die Savanne radikal ab. Zum Teil reißen sie sogar die Pflanzen mit ihren Wurzeln aus dem Boden. Zudem zerstören sie mit ihren Hufen auch alles, was ihnen in den Weg kommt. Sie sind nicht an den Lebensraum Savanne angepaßt, sie gehören da nicht hin.

Wenn man diese armen Tiere sieht, die immer wieder durch Wannen laufen müssen, weil sich die Zecken an ihren Genitalien und Bäuchen festsaugen, ist das erschütternd. Es sind schreckliche Bilder.

Die Erkenntnis heute?

Wir müssen umdenken. Die Tiere sind auch in den Nationalparks nicht sicher. Wilderer schießen oder fangen, was auf dem internationalen Markt gefragt ist. Auch die Bauern, die dicht an den Nationalparks siedeln und denen die großen Katzen die Haustiere wegfangen, tun, was in Europa einst genauso praktiziert wurde: Sie schlagen die "Räuber" tot, wenn sie sie erwischen. Dagegen kann die beste Bewachung nichts tun.

Es gibt nur eine Möglichkeit: Man muß die Wildtiere, die geschützt werden sollen, für die Menschen dort wertvoll machen. Denn bisher haben sie nur Ärger mit ihnen. Die Spenden der Europäer, die ihren eigenen Kontinent für Profit verunstalten und vom armen Schwarzafrika nun verlangen, den Traum vom "Paradies der Tiere" für sie zu verwirklichen, diese Spenden waren immer nur für die Tiere bestimmt. Nie für die Menschen. Und das war der Fehler. Afrikas Menschen wurden nicht einbezogen in die "Rettung" der afrikanischen Natur.

Wollen wir retten, was noch zu retten ist, müssen wir einen neuen Weg einschlagen. Ein Management muß Maßnahmen durchsetzen, von denen auch die Menschen profitieren. Man muß den Menschen dort klarmachen, daß das ihr Land ist. Daß das, was da wächst, ihnen gehört. Daß sie nicht dieses trockene Rindfleisch essen müssen, wenn sie doch das weit köstlichere Wildfleisch der Gazellen und Antilopen haben. Die Tiere müssen wertvoll gemacht werden für die Einheimischen. Wenn sie für einen Büffel soviel bekommen wie für ein Rind, wenn das Fleisch der Gazelle mehr bringt als das des eingeführten Schafes, dann passen die Leute auf diesen Besitz auf. Wenn erlaubt wird, alle paar Jahre Elefanten oder Katzen zu schießen, wenn die Jagd auf bestimmte Tiere möglich gemacht wird und die Einheimischen den Nutzen davon haben, dann haben Wilderer keine Chance mehr. Es gibt genügend Leute, die 20 000, 30 000 Mark für den Abschuß von Elefant, Nashorn oder Büffel zahlen. Das Geld muß den "Besitzern" des Landes zugute kommen, den kleinen Bauern, nicht dem Staat oder ausländischen Interessenten.

Die neue Überlegung ist: Wenn sich die einheimischen Tiere gewinnbringend vermarkten lassen, wenn Produkte aus Fellen, Häuten, Zähnen und Hörnern legal verkauft werden dürfen, wird das Wild nicht mehr bekämpft oder an Wilderer verschleudert, sondern als kostbarer Besitz erkannt und gepflegt. Nur so läßt sich die Tierwelt in der mehr und mehr schrumpfenden Savanne retten.

Die Schabrackenschakale, diese kleinen Wildhunde der Savanne, sind mit ihrer auffallenden Färbung und der schabrackenartigen Rückenmusterung mit keiner anderen Art zu verwechseln. Sie haben einen sehr umfangreichen Speisezettel. Dazu gehören Großinsekten und Reptilien, Kleinsäuger, Eier und Vögel. Einen Großteil ihrer Ernährung liefern auch die Speisereste der Großkatzen, vor allem der Löwen. Mit viel Geschick und Mut sichern sie sich selbst während der Mahlzeit der großen Beutejäger einen Bissen.

Die Arche im Pazifik

Urwelt auf Vulkanen

Tausend Kilometer vom Festland entfernt heben sich die zu Ecuador gehörenden Galapagos-Inseln aus dem Pazifischen Ozean. Das Archipel hatte nie eine Verbindung mit dem südamerikanischen Kontinent. Die kleinen Inseln entstanden vor 2 - 3 Millionen Jahren durch vulkanische Ausbrüche. Was heute auf insgesamt 7800 Quadratkilometern zu sehen ist, sind die Spitzen dieser Vul-

kanberge, erstarrte Lava, die aus dem Meer ragt. 5 große, 8 mittlere, 19 kleinere Inseln und zahlreiche Felsen gehören zu diesem Archipel. Aus manchen quellen immer noch Rauch und Schwefel.

Man könnte meinen, diese Inseln müßten feucht-tropisches Klima haben, weil sie am Äquator liegen. Doch das kühle Wasser des Humboldtstromes, das von Chile kommend auf die Galapagos stößt, hält Luft- und Wassertemperatur niedriger als sonst am Äquator. In den niederen Lagen gibt es kaum Vegetation. Nur auf den Lavabergen, über 500 Meter hoch, konnten sich Wälder und etwas Dschungel ausbreiten, weil die Wolkenbildung genug Feuchtigkeit bringt.

Nur vier der Inseln sind bewohnt, auf den anderen gibt es kein Trinkwasser.

Entdeckt wurden die Inseln schon 1534, als es den Bischof Thomas de Berlanga auf seiner Reise von Panama nach Peru durch eine Flaute an eine der Inselküsten trieb. Zwei Jahrhunderte hindurch landeten dann nur noch Seeräuber hier. Sie nannten die Inseln "Las Islas Encantadas", weil sie auf den "verzauberten Inseln" Versteck und Ruhe nach ihren Raubzügen fanden, ihre wilden Saufgelage abhalten konnten, ohne je entdeckt zu werden. Noch heute sind einige ihrer primitiven Behausungen zu sehen.

Im September 1835 ging die "Beagle", ein kleines britisches Vermessungsschiff der königlich-britischen Marine an der östlichsten Insel der Gruppe vor Anker. An Bord ein damals schon berühmter Naturforscher: Charles Darwin. In den vier Wochen, die die Beagle dann zwischen den Inseln kreuzte, erschütterten die Beobachtungen auf den Lavainseln sein gesamtes Weltbild, veränderten sein Denken. Sie bargen für ihn den Schlüssel zum "Geheimnis aller Geheimnisse", wie er später schrieb. Dort entdeckte er die Gesetze der Evolution.

Wo immer es möglich war, ging Darwin an Land. Er sammelte Bodenproben, entdeckte Pflanzen, die zwar aussahen wie die, die er vom Festland kannte, sich aber doch ganz markant unterschieden. Es gab Schildkröten dort, die größer waren als alle, die er je gesehen hatte. Finken, wie er sie noch nirgends sonst angetroffen hatte: Manche fraßen nur Samen, andere Insek-

Nach den Riesenschildkröten erhielt die Inselgruppe den Namen, denn Galapagos ist das spanische Wort für Schildkröte. Mit Klumpfüßen, denen sie ihren deutschen Namen Elefantenschildkröten verdanken, legen sie pro Tag an die 300 Meter zurück. Sie erreichen ein Gewicht bis zu 300 kg und ein Lebensalter über 100 Jahre.

Foto Seite 58/59
Tausend Kilometer vom südamerikanischen Festland entfernt und zur Republik Ecuador gehörend erheben sich die zerklüfteten Galapagos-Inseln aus dem Pazifischen Ozean. Der Archipel hatte nie eine Verbindung mit dem Kontinent. Der Humboldtstrom war die Fähre für die Landtiere, die auf Pflanzeninseln oder Urwaldbäumen zum fernen Archipel befördert wurden und in der Isolation neue Rassen und Arten bildeten.

Nur vier der an die 16 Inseln des Archipels haben Trinkwasser und sind von Menschen bewohnt. Jeder Wanderer über die glühend heißen Lavaschollen braucht kräftiges Schuhwerk. Wir gelangten auf unserem kleinen Fischkutter von Insel zu Insel und schleppten neben der gewichtigen Ausrüstung Verpflegung und Trinkwasser mit, um jeweils den ganzen Tag auf den entlegenen menschenfernen Inseln tätig sein zu können.

Der fast einen Meter lange Landleguan heißt auch
Drusenkopf in treffender Übersetzung seines wissenschaftli-
chen Namens Conolophus, denn der Schädel dieser Echse ist
ähnlich einer Kristalldruse mit zäpfchenartigen Schildern
versehen. Der Landleguan ernährt sich rein vegetarisch von
Pflanzenkost. Dazu gehören auch Kakteenblätter und
Früchte. Erstaunlich, wie die Echse selbst mit den spitzen
Stacheln der Opuntien fertig wird.

ten, manche hackten die Rinde von
Bäumen auf, wieder andere benutzten
sogar Werkzeuge und gruben Insekten
aus Erdlöchern aus. Es gab Echsen,
die auf den Lavasteinen lagen, aber
auch im Meer schwimmen konnten.
Und alle Tiere waren merkwürdig
zahm: Man konnte die Vögel mit der
Hand fangen.

Bis zur Mitte des vorigen Jahrhunderts war man fest davon überzeugt,
daß alle Arten der Tiere schon seit dem
Schöpfungstag auf der Erde gelebt haben. Und zwar so, wie sie heute aussehen. Auch der Mensch ist gleich so
erschienen, wie er jetzt aussieht. Nie
hatte sich eine Kreatur Gottes verändert. Kaum ein Forscher wagte, an
dieser These der Kirche zu zweifeln,
obwohl die Naturforscher gut wußten,
daß Rennpferde nicht als solche und
Dackel nicht als Haushunde auf die
Erde gekommen sein konnten. Auch
Darwin beschäftigte sich mit diesen
Problemen.

Und nun kam er auf diese abgelegenen Inseln. Er sah, daß die Schildkröten auf jeder Insel verschieden aussahen. Sie hatten lange oder runde Panzer. Die, die sich von Kandelaber-
kakteen ernährten, hatten einen besonders langen beweglichen Hals, sonst
hätten sie das Futter nicht erreicht.
Offenbar war für ihn, daß jede Form
der Tiere für einen bestimmten Zweck
bestimmt war und den Verhältnissen
der kleinen Insel entsprach, auf der sie
lebte. Dabei lag zwischen den Tieren
oft nur eine Entfernung von ein paar
Kilometern. Also hatten sie sich erst
auf diesen einsamen abgelegenen Inseln den Gegebenheiten angepaßt, sowohl äußerlich als auch in ihren Gewohnheiten.

Darwin traf es wie ein Schlag: Die
Bibel hatte nicht recht! Eine geradezu
ketzerische Aussage zu seiner Zeit.
Doch er erkannte: Die Evolution war
nicht abgeschlossen. Sie setzte sich auf
unserer Erde fort und fort... Die Galapagos-Inseln hatten seine Weltan-
schauung verändert. Er begann nach-
zudenken über die "Entstehung der
Arten und Rassen".

Als ich zum erstenmal auf die Inseln
kam, 1960 war das, da brachte uns ein
kleiner Seelenverkäufer, die Cristóbal
Carrier, hin. Nur fünfzehn Touristen
reisten mit uns. Ich wollte für den NDR
und den BBC Fernsehfilme drehen,
auch Unterrichtsfilme und Forschungs-

filme. Und einen abendfüllenden Spielfilm "Galapagos, Trauminseln im Pazifik", der mir dann den fünften "Bundesfilmpreis in Gold" und auch den "Silbernen Bären" einbrachte.

Wir bauten unser Standlager auf der mittleren Insel, Santa Cruz. Von dort wollten wir unsere Forschungsfahrten ausgehen lassen. Mein Freund Dr. Irenäus Eibl-Eibesfeldt, der mich zu dieser Expedition inspiriert hatte und der drei Monate mit mir dort verbringen würde, zeigte uns die besten Motive. Eine unserer ersten Expeditionen brachte uns zur Insel Fernandina, einem riesigen Vulkankegel, der sich kahl aus dem Ozean erhebt. Kein Mensch kann dort leben. Es gibt kein frisches Wasser. Es sieht aus wie ein Stück Mondlandschaft auf Erden.

Was uns dorthin zog, waren die Meerechsen. Als wir in der Bucht von Punta Espinosa gelandet waren, sahen wir sie schon. Ein phantastisches, geradezu unheimliches Panorama bot sich: Hunderte, Tausende drachenähnlicher Echsen lagen dicht an dicht auf den Felsen. Als wären wir ins Land der Dinosaurier zurückgelangt. Sie waren nur nicht so groß wie diese, vielleicht einen Meter.

Unbeweglich schliefen sie auf dem heißen Lavagestein. Finken hüpften auf ihren Rücken herum und suchten nach Zecken. Es war unglaublich. Wie waren sie nur hierher gekommen, auf diese einsamen, von aller Welt abgeschnittenen Reste der Vulkanberge? Wo waren all die Tiere, die hier auf den Inseln lebten, überhaupt hergekommen? Ohne Verbindung zu irgendeinem Festland?

Eigentlich ganz einfach. Was fliegen konnte, ist herübergeflogen. Die Seevögel, manche Landtiere, kamen mit dem Humboldtstrom, der von der Antarktis an der Küste entlang bis zum Äquator fließt, durch die Erdrotation herumgelenkt wird gen Galapagos, sich vermischt mit dem Guayaquil-River, der vom ecuadorianischen Urwald ins Meer strömt und alles mitnimmt an Pflanzen, Baumstämmen, was so ins Wasser fällt. Darauf sind viele Landtiere nach Galapagos geritten. Auch die Leguane, die hier jetzt zu Tausenden lebten. Diese aus dem Urwald stammenden, nahrungsmäßig eigentlich verwöhnten Tiere, fanden nichts als salzigen Tang vor, der bei Ebbe auf den Lavafelsen frei wurde. Sie schaff-

ten es, sich organisch so umzustellen, daß sie diesen salzigen Tang fressen konnten. Und ihr Organismus schaffte es im Lauf der Generationen, Drüsen zu entwickeln, die das überschüssige Salz einfach ausspritzten. Sie niesen es aus. Also: Wenn Echsen auf Galapagos niesen, geben sie hochkonzentrierte Salzlösung von sich. Vorsicht Kamera, kann ich da nur sagen. Schlecht für die Linsen.

Die Meerechsen sind die einzigen Echsen der Welt, die bis zu 15 Minuten unter Wasser aushalten können. Mit ihren scharfen Krallen klammern sie sich in der Brandung an den Felsen unter Wasser fest und schmatzen dabei die Unterwasser-Vegetation. Dann steigen sie als Wechselblüter zurück an die tropische Sonne und wärmen sich wieder auf.

Ich hatte das Glück, die Paarungszeit der Echsen zu erleben. Jedes starke Männchen, leicht zu erkennen an seinem hohen Drachenkamm auf Nakken und Rücken, hat seinen Harem. Und auch ein kleines, aber fest abgegrenztes Territorium. Sollte ein junger Hupfer den Versuch wagen, diese Grenzen zu überschreiten und sich an ein Weibchen heranzumachen, würde er sofort durch Drohgebärden in seine Schranken verwiesen. Mit drohend geöffnetem Maul und heftigen Kopfbewegungen: Verschwinde hier!

Aber irgendwie müssen ja auch die nachwachsenden Männchen an einen Harem kommen, deshalb lassen sie sich nicht immer vertreiben. Dann kommt es zum Kampf. Donnernd krachen die beiden Männchen aneinander, Stoß auf Stoß versetzen sie sich mit den dornigen Höckern, so lange, bis einer genug hat und in Demuthaltung den Kampfplatz verläßt. Ein Turnier ist das, bei dem keiner verletzt wird. Der Sinn liegt darin, daß sich der Stärkere fortpflanzt.

Viel schlimmer sind die Weibchen der Leguane. Wenn sie kämpfen, um die wenigen Eiablageplätze nämlich, dann geht's nicht ohne Verletzte ab.

Zur Eiablage eignet sich am besten lockerer Sand. Und auf einer Lavainsel gibt es nicht viele solcher Stellen. Wir haben auf der Insel Hood, wo die Meerechsen bunt gefärbt sind und grasgrüne Kämme tragen, Duelle gesehen, die nichts mehr mit den ritterlichen Turnieren der Männchen zu tun hatten. Die wütenden Weibchen verbeißen sich

ineinander, vollführen einen Ringkampf, rollen über den Boden und lassen nicht nach, bis eine schwerverletzt liegen bleibt.

Es gibt auch Landleguane auf Galapagos. Sie leben in Gebieten mit relativ reicher Vegetation, die es in den höheren Bergen gibt. Sie ernähren sich von den Blättern der Büsche, von stacheligen Opuntien und von Kandelaber-Kakteen. Sie werden bis zu zwei Meter groß, meist sind sie aber kleiner, und haben wenig natürliche Feinde. Wild lebende Hunde, einst von Menschen ausgesetzt, sind seit einigen Jahren allerdings zu einer großen Gefahr für die Echsen geworden.

Der einzige Greifvogel im Archipel, der Galapagos-Bussard, stellt ihren Jungen nach. Er erwischt sie meistens, wenn sie über offene Flächen wandern. Doch auch dafür haben die Echsen im Lauf ihrer Entwicklung auf diesen Inseln ein Gegenmittel entwickelt: Sie stellen sich auf die Hinterbeine, machen sich so groß wie möglich und drohen so dem Angreifer.

Nur eine einzige fleischfressende Echse lebt auf den Inseln, die Lavaechse, die nur 25 Zentimeter groß wird. Sie ernährt sich von Insekten, frißt gelegentlich auch Junge ihrer eigenen Art.

Man glaubte lange, daß sich die Echsen gegenseitig auf den Inseln besuchen und miteinander kreuzen. Aber das ist unmöglich. Denn zwischen den Inseln leben Raubfische, die sich besonders gern von Meerechsen ernähren: Blauhaie, Weißflossenhaie und die seltenen Hammerhaie. Sie erscheinen aus dem Dämmerlicht, schnappen blitzschnell zu. Sie sind die einzigen Feinde der Echsen im Meer und diese können sich eigentlich nur vor ihnen schützen, indem sie sich nah an die Felsenriffe drücken. Die scharfen Lavasteine würden die Fische am Bauch verletzen. Das wissen sie und kommen nie in die Nähe der Felsen. Um auf eine der anderen Inseln zu kommen, müßten die Echsen offenes Wasser durchschwimmen. Sie würden jedoch nie ankommen, obwohl sie gut schwimmen können.

Die Meerechsen haben eine anatomische Umwandlung durchgemacht, die es ihnen ermöglicht, den Überfluß an Salz mühelos auszuscheiden. Immer wieder sieht man, wie sie die Salzlösung in kleinen Fontänen aus den Nasenlöchern spritzen. Bis zu einer Viertelstunde können die lungenatmenden Echsen bei der Nahrungssuche unter Wasser bleiben.

Die wohl erstaunlichste Anpassung an den Vulkanarchipel haben die Meerechsen fertiggebracht. Als ihre Vorfahren aus dem Schlaraffenland des Küstenurwaldes nach Galapagos befördert wurden, fanden sie auf den Vulkanfelsen vieler Inseln keine andere Nahrung als salzigen Tang. Aber sie schafften es, sich diesen vollkommen anderen Lebensbedingungen anzupassen. Bald waren es so viele in den dichten Kolonien, daß die bei Ebbe freiligenden Tangfelder nicht mehr ausreichten. So lernten sie das Tauchen und wurden zu Meerechsen, den einzigen Echsen, die am Meeresgrund ihre Nahrung finden.

In den Mangrovendickichten der Uferzone haben sich Pelikane angesiedelt. Auf Galapagos, der Arche Noah, sind alle Tiere paradiesisch vertraut, so daß man sie beinahe auf Tuchfühlung beobachten kann.

Im Februar und März legen die Meerechsen ihre Eier. Da sandige Strandpartien selten sind, kommt es unter den Weibchen immer wieder zu erbitterten Kämpfen um die besten Eiablageplätze.

Der den Seeschwalben so ähnliche Tropikvogel wurde früher von den Seefahrern besonders geschätzt, weil er ihnen die Nähe der Küsten anzeigte. Wo er keine zerklüfteten Steilwände als Nistplatz findet, begnügt er sich mit einer Lavascholle am Boden.

Die Gabelschwanzmöwe ist eine auf den Galapagos-Inseln eingeborene Vogelart. Sie wandert auf ihren Fischzügen zwar bis zum südamerikanischen Festland, nistet aber ausschließlich auf dem Galapagos-Archipel. Gabelschwanzmöwen ziehen nur nachts zum Fischfang. Vielleicht als Anpassung an die hier häufigen Fregattvögel, die sich darauf spezialisiert haben, anderen Vögeln die Beute abzujagen.

Während die von Insel zu Insel unterschiedlichen Panzer der Elefantenschildkröten Charles Darwin zu der Erkenntnis von der Veränderlichkeit der Arten zur Bildung von Inselrassen führte, erkannte er an den nach ihm benannten Darwinfinken, daß sich Tiere zu neuen Arten umwandeln können, um ergiebige ökologische Nischen zu besetzen. Auf Galapagos gibt es keine Spechte. So hat ein Darwinfink die Funktion übernommen. Da ihm aber die Harpunenzunge fehlt, um Larven aus den Bohrgängen der Bäume zu erlangen, bedient er sich eines Stöckchens als Werkzeug.

Die Vögel der Inseln

Im Südosten der kleinen Insel Hood sind die Vögel der Inseln besonders reichlich versammelt. Auf dem Küstenstreifen bei Punta Cevallos nisten Gabelschwanzmöwen, Blaufußtölpel und Albatrosse. Als wir durch die Kolonie marschierten, zwickten sie uns zwar in die Hosenbeine, aber sie zeigten keinerlei Furcht.

Hier auf Hood sind auch die Galapagos-Albatrosse zu Hause. Sie versammeln sich zur Paarungszeit in Punta Cevallos. Außerhalb der Brutzeit legen sie Tausende von Kilometern auf dem Ozean zurück, bis zu den Küsten nach Peru, Ecuador und Kolumbien. Der Wanderalbatros ist der größte der Familie. Er erreicht eine Flügelspannweite von dreieinhalb Metern. Der Galapagos-Albatros schafft nur zweieinhalb Meter. Alle sind sie Meister im Segelfliegen, eilen über die Wogen dahin, schießen blitzschnell in die Höhe und gleiten in kilometerweiter Bahn wieder herab. Das alles ohne einen einzigen Flügelschlag - weite Strecken im Gleitflug.

Albatrosse können tagelang in der Luft sein. Sie fressen im Fliegen, indem sie aus den Wogen kleine Fische oder schwimmenden Laich aufnehmen. Sie schlafen sogar beim Segeln. Nur bei Start und Landung, da sind sie keine Meister. Beim Start müssen sie erst mal kräftig Anlauf nehmen, laufen, laufen ... und bei richtiger Geschwindigkeit die Flügel ausbreiten. Beim Landeanflug ist es wie bei einem Flugzeug: Füße ausfahren, Flügel abknicken, mit dem Schwanz steuern und runter. Manchmal landet der Vogel auf dem Bauch, manchmal überschlägt er sich, macht regelrechte Purzelbäume, wenn er die Geschwindigkeit nicht richtig "berechnet" hat.

Wir erlebten ihn auf Hood bei seiner Balz. Sie beginnt mit einem rituellen Tanz, wobei sich die Partner umkreisen. Dann fechten sie mit ihren langen Schnäbeln, daraus wird ein Klopfen und Knabbern. Beide heben abwechselnd den Schnabel steil in die Höhe, was "Einverstanden" bedeutet. Danach verbeugen sie sich gegenseitig: Paarung, Nestbau und Aufzucht der Jungen ist beschlossene Sache.

Noch seltsamer und unvergleichlich erschien uns die Brautwerbung der Fregattvögel. Sie lebten in großer Stückzahl auf der Galapagos-Insel Tower. 60, 70 Paare auf einmal. Zuerst erscheinen die Männchen, besetzen ihr Nest vom letzten Jahr und rufen nach den Weibchen. Das geschieht, indem sie einen leuchtend roten Kehlsack aufblasen, so groß wie ein Luftballon. Schon streichen die Weibchen herbei, fliegen über die rotleuchtende Männerversammlung und nehmen das Angebot in Augenschein. Auch mit ausgebreiteten, zitternden Schwingen und girrenden Balzlauten versuchen die Männchen die Weibchen anzulocken. Jeder versucht den anderen zu übertreffen. Ein höllischer Lärm.

Hat sich ein Weibchen ein Männchen ausgesucht, setzt es sich neben ihn. Nun macht er andere Musik: Er streicht mit seinem Schnabel über seinen roten Luftballon und erzeugt auf diese Weise scharrende Geräusche. Ab sofort sind die beiden ein Paar - so lange bis die Jungen herangewachsen sind und man sich im gegenseitigen Einvernehmen wieder trennt.

Den Namen "Fregattvögel" bekamen sie in Anlehnung an die Piraten, die mit ihren Fregatten seinerzeit über die Meere fuhren und andere Schiffe überfielen. Nichts anderes tun die fliegenden Piraten, die Fregattvögel. Sie überfallen im Flug andere Vögel, so blitzartig, daß diese vor Schreck die Beute im Schnabel fallen lassen. Die schwarzen Piraten schnappen sie noch in der Luft und drehen pfeilgeschwind ab.

Bald nach der Paarung ist es vorbei mit der rotleuchtenden Pracht des Männchens. Es zieht seinen Hautsack wieder ein und der Ernst des Lebens beginnt: Nestbau und Futterbeschaffung für die Jungen.

Die liebsten aller Vögel auf Galapagos waren mir die kleinen Finken. Vor undenklicher Zeit hatte sie der Wind auf Pflanzeninseln vom Festland herübergetragen. Die zusammengeballten Pflanzen trugen auch anderes Kleingetier, das sich von den mitschwimmenden Baumstämmen, Blättern, In-

Foto links Mitte
Unter den Vögeln der tropischen Meere gehört der Fregattvogel zu den auffallendsten Erscheinungen. Er hat eine in der Vogelwelt einmalige Verhaltensweise zum Anlocken der Weibchen entwickelt. In der Nistzeit blasen die in Kolonien brütenden Vögel einen weithin sichtbaren "Signalballon" auf, dazu erklingen einladende Rufe und ein Winken mit den ausgebreiteten Schwingen.

Der Albatros auf den Galapagos ist der einzige von 13 Arten, der unter dem Äquator lebt. Er nistet nur auf der kleinen Insel Hood, im Süden des Archipels. Mit der beachtlichen Flügelspannweite von 2,5 Metern gehört der Wellenalbatros, wie er wegen der zarten Wellenmuster auf der Unterseite heißt, noch immer zu den kleineren Albatros-Arten.

sekten und Resten von Süßwasser in Astspalten ernährte.

Die Finken vermehrten sich schnell, da sie keine Feinde mehr auf den Inseln hatten. Und so zwang sie die Fortentwicklung, sich auf anderes Futter umzustellen.

Nach jenem selektiven System, das Charles Darwin damals sofort erkannte, ließ die Natur aus der ersten Stammform von Finken 14 verschiedene Arten entstehen. Sie unterscheiden sich in der Form der Schnäbel, die es jeder Gruppe erlauben, das in ihrem Bereich zu findende Futter zu bekommen. So gibt es nun den Fliegenschnäpper, den Kernbeißer, den Weichfresser, den Samenpicker und den Larvenjäger unter ihnen. Einmalig auf Erden ist der Spechtfink. Er benutzt zur Erlangung seines Futters Werkzeuge. Und wie geschickt er das macht! Er geht mit ganz speziellen Tricks zu Werke.

Der Spechtfink holt Insekten aus Bohrgängen in Baumästen heraus. Ähnlich wie ein Specht klopft er erstmal gegen die Rinde, um die Insekten innen aufzuscheuchen. Dann drückt er ein Ohr gegen das Holz: Regt sich ein Beutetier? Ja - dann los. Er pflückt sich ein kleines Ästchen vom Baum oder eine Kaktusstachel und setzt sie als "Brechstange" ein. Entweder sprengt er damit die morsche Rinde los oder er stochert so lange herum, bis das Insekt seinen Schlupfwinkel verläßt. Hat er festgestellt, daß in dem Loch eine fette Käferlarve sitzt, die sich nicht bewegt, nimmt er den Kaktusstachel und spießt die Larve auf. Vorsichtig, Stück für Stück zieht er sie ins Freie. Ist sie zu dick, zerstückelt er sie mit dem Dorn in kleine Teile und pickt sich die heraus.

Wochenlang schleppten wir die Kameras über Stock und Stein, um den kleinen Vögeln zu folgen. Viele zerfetzte Schuhsohlen gehen auf das Konto des Galapagos-Finken. Aber das war's wert.

Abenteuer unter Wasser

Im Süden der Insel Hood lagern auf kiesbedeckten Stränden in einer kleinen Bucht Seelöwen. Hier leben sie in freier Wildbahn, ungestört von Menschen.

Als wir in die Bucht einschipperten, kam uns ein Begrüßungskommitee von etwa zwanzig weiblichen Seelöwen entgegen, die laut rufend und schnatternd schwammen. Neugierig richteten sie sich im Wasser auf, um besser auf das Boot sehen zu können.

Wir bestiegen ein Beiboot und ruderten aufs Land zu. Blitzschnell, mit weit geöffnetem Rachen, schoß ein riesiger Seelöwenbulle auf uns zu, Drohlaute ausstoßend. Er war hier der Herr im Haus, die Bucht und die Herde gehörten ihm, und wir hatten bei seinen Weibchen nichts zu suchen.

Er verfolgte uns bis an Land, watschelte hinter uns her und trieb uns landeinwärts. Starke Seelöwenmänner haben Zähne wie Leoparden. Der Kerl hätte uns übel zurichten können.

Drei Wochen blieben wir in dieser Bucht, um zu filmen. Solange der Bulle nicht zu sehen war, hielten wir uns in der Nähe der Weibchen und Jungtiere auf. Und ergriffen jedesmal die Flucht, wenn er uns erwischte.

Seinen Damen war er ein zärtlicher Gatte. Jedesmal, wenn eine vom Fischfang heimkehrte, begrüßte er sie mit Nasereiben. Auch seine Vaterpflichten - und seine Schutzaufgaben - erfüllte er mit nie erlahmender Wachsamkeit.

Man konnte auf dem Wasser oft die Rückenflosse eines Hais erkennen. Wenn sich dann eins der Jungen ins Wasser wagte, weil es die Gefahr ja noch nicht kannte, eilte er sofort hinterher und schleppte es zurück.

Er hatte zu tun. Ständig mußte er sich gegen jüngere Rivalen wehren, beweisen, daß er immer noch der Stärkere war. Wir filmten das Familienleben, wie sie Wellenreiten, Purzelbäume schlagen und die verschiedensten Spiel- und Sprungtechniken im Wasser übten. Für uns sah alles wie ein zauberhaftes Spiel aus, doch für die Tiere haben all die Kapriolen einen ernsten Hintergrund: So üben die Seelöwen jeden Alters die verschiedenen Möglichkeiten, der Verfolgung durch Haie zu entgehen.

Natürlich wäre unser Film nicht vollständig gewesen, wenn wir nicht auch unter Wasser gefilmt hätten. Es war wegen des eifersüchtigen Seelöwenbullen riskant. Unsere Sauerstoff-Flaschen erlaubten uns eine Stunde am Stück unter Wasser. Es war kalt, denn der Humboldtstrom fließt hier vorbei, der kühles Wasser führt. Und

das nach den tropischen Temperaturen an der Oberfläche.

So karg und tot die Lavafelsen über Wasser aussehen - unter Wasser bieten sie eine überwältigende Vielfalt an Leben. Ganze Schwärme von Gelbschwanzbadern und grotesk aussehenden Keulenklippfischen umgaben uns. Ein Manta, ein Riesenroche von vier Metern Spannweite, segelte vorüber, Engelsfische in Arten, die ich noch nie vorher gesehen hatte, schwammen vor meinem Gesicht. Ich sah weiter ab einen Schwertfisch, schaute den Meeresschildkröten beim Abweiden der Algen auf dem Grund zu. Auch den Haien sind wir ein paarmal begegnet. Doch sie hatten mehr Angst vor uns, diesen fremden Fischen, als wir vor ihnen.

Als wir uns ins Reich der Seelöwen begaben, waren wir jedoch vorsichtiger. Die Weibchen und Jungbullen, die uns umschwammen, waren harmlos. Doch einige Male attakierte uns der Altbulle in gefährlicher Nähe. Schließlich hat er wohl erkannt, daß wir keine Rivalen für ihn waren. Und siehe da er duldete uns. Wir durften sogar mitten in seiner Damenmannschaft spazieren gehen, mit den Jungen schwimmen. Stundenlang begleiteten wir sie unter Wasser. Seelöwen können so rasch drehen und wenden, wie kaum ein Fisch. Es waren glückliche Stunden, die wir in ihrer Gesellschaft verbrachten.

Auch bei den Seelöwen überraschte
uns die paradiesische Vertrautheit
der Galapagostiere. Mit den Seelöwen-
damen durften wir sogar schmusen.
Nur vor dem Bullen, dem Harems-
wächter, mußten wir auf der Hut sein.
Eifersüchtig griff er an.

Anders war das Verhalten unter Wasser.
Da hielt uns der Bulle wohl für einen
weniger interessanten Besuch, und wir
konnten von dem Unterwasser-Ballett
der Seelöwen herrliche Aufnahmen
machen.

Foto links außen
Wenn die Flut kommt, trägt ihnen das
Meer reiche Nahrung zu. In der
schäumenden Brandung klammern sich
die handflächengroßen, siegellackroten
Lavakrabben fest an den porösen Fels.

Danke, Heinz Sielmann!

Ein Leben für die Natur. Die Adam Opel AG möchte Ihnen, lieber Heinz Sielmann, ganz herzlich für Ihre großartige Arbeit danken. Wie kein anderer haben Sie uns die Natur nähergebracht. Mit eindrucksvollen Bildern und lebendigen Berichten haben Sie uns sensibilisiert - und Sie haben uns wachgerüttelt. Ihre Botschaft hat viele erreicht: "Schützt den Lebensraum der Tiere, bewahrt die Natur und sichert damit das Überleben der Menschheit."

Dieses bedingungslose Engagement für die Natur ist vielen zum Vorbild geworden. Mit Ihrer Hilfe, lieber Heinz Sielmann, haben viele von uns erkannt, daß der Schutz von Umwelt und Natur ein breites Aufgaben- und Verantwortungsfeld bietet. Es verlangt von allen größtmögliches Engagement, von Bürgern, Politikern und Industrie gleichermaßen.

Opel stellt sich dieser gesellschaftlichen Verantwortung und betrachtet sie als Auftrag zum Handeln. Deshalb verfolgen die Ingenieure des Technischen Entwicklungszentrums ehrgeizige Ziele: Sie wollen Automobile entwickeln, die sich mit der Welt vertragen, in der wir leben.

Opel-Initiativen:
Signale für den Umweltschutz

Dabei haben die Techniker bereits viele beachtliche Erfolge erzielt.

Beispiel Luftreinhaltung: Mit dem klaren Votum für den geregelten Katalysator übernahm Opel im April 1989 eine Vorreiterrolle unter den europäischen Automobilunternehmen. Seitdem sind Opel-Benzinmodelle aller Hubraumklassen serienmäßig mit Kat ausgerüstet. Was heute wie eine Selbstverständlichkeit klingt, war Anfang 1989 noch eine Vision. Opel machte die Vision zur Wirklichkeit und setzte mit der Kat-Offensive ein Zeichen, dem inzwischen fast alle Automobilhersteller gefolgt sind.

Verbrauchsreduzierung -
Aufgabe von globaler Bedeutung

Beispiel Kraftstoffverbrauch: Moderne Motorentechnik, strömungs-günstige Karosserien und konsequenter Leichtbau machen die modernen Automobile immer sparsamer. Der durchschnittliche Benzinverbrauch der Opel-Modelle liegt heute bei nur 7,39 Litern je 100 Kilometer - das sind gut 25 Prozent weniger als noch vor zwölf Jahren.

Doch dieser Wert markiert keinen Endpunkt bei der Entwicklung umweltfreundlicher Automobile. Die weitere Reduzierung des Kraftstoffverbrauches ist eine Aufgabe von globaler Bedeutung. Denn weniger Benzinverbrauch bedeutet weniger Kohlendioxid und damit mehr Schutz für das Erdklima. Die Automobilingenieure sind sicher: Weitere Fortschritte auf dem Gebiet der Kraftstoffeinsparung sind möglich. Alternative Antriebssysteme, deren Erprobung auf Hochtouren läuft, werden diese Entwicklung unterstützen.

Recycling -
Ganzheitliches Denken gefragt

Beispiel Werkstoff-Recycling: Wer das Thema "Auto und Umwelt" ernst nimmt, darf sich nicht allein über Schadstoffemissionen und Kraftstoffverbrauch Gedanken machen. Ganzheitliches Denken ist für die Entwicklung moderner Automobile gefragt. Schon bei der Konzeption neuer Modelle müssen die Ingenieure an die spätere Verwertung der Automobilwerkstoffe, an Recyclingverfahren und Materialkreisläufe denken.

Das wiederum setzt voraus, daß kritische Werkstoffe aus allen Bauteilen verbannt sind. Cadmium, Asbest oder Fluorchlorkohlenwasserstoffe haben deshalb bei Opel schon seit langem keine Chance mehr. Und bei der Auswahl von Kunststoffen gilt eine ebenso eindeutige Prämisse: Nur Chemie-Werkstoffe, die in vollem Umfang recyclingfähig sind, kommen in den Opel-Modellen zum Einsatz.

Die konsequente Beachtung dieser Vorgaben macht eine umweltgerechte Altauto-Verwertung möglich. Dafür gibt Opel Brief und Siegel: Der neue Astra ist eines der ersten Automobile, für das eine kostenlose Rücknahme-Garantie gilt.

Naturschutz -
Hilfe für die Galapagos-Pinguine

Diese Beispiele zeigen: Opel redet nicht nur über Umweltschutz, Opel handelt. Und: Opel meint es nicht nur auf technischem Gebiet mit dem Umweltschutz ernst, sondern engagiert sich auch direkt für die Natur.

Gemeinsam mit dem World Wide Fund for Nature (WWF) setzt sich das Automobilunternehmen schon seit langem für die bedrohten Galapagos-Pinguine ein. Jeder Opel-Besitzer, der zwischen Oktober und März an seinem Wagen einen Kühlsystem-Check durchführen läßt, hilft dabei. Denn für jedes Garantie-Zertifikat, das Opel-Händler nach dem Check ausstellen, überweist Opel eine Mark an den WWF.

So sind inzwischen rund 750.000 Mark zusammengekommen, die der WWF in den Schutz des Galapagos-Archipels und der Pinguine investiert.

Danke, Heinz Sielmann! Machen Sie weiter so. Opel steht an Ihrer Seite.

Bevor Galapagos, dieses einmalige Tierparadies, zum Nationalpark gemacht wurde, hatte man der "Arche Noah im Pazifik" arg zugesetzt. Walfänger und Piraten führten Haustiere, wie Schweine, Ziegen, Kühe, Hunde, Katzen und Ratten ein, die die endemische, die hier entstandene Tierwelt arg beeinträchtigten. Die verblüffende Vertrautheit der Seelöwen führte dazu, daß sie sich bei den Fischern unbeliebt machten, indem sie Netze zerrissen und den Fischern beim Bergen der Fische zu schaffen machten. Und das führte dazu, daß sie immer wieder erschlagen wurden. Heute ist der gesamte Archipel, mit Ausnahme der von Siedlern bewohnten Gebiete, Nationalpark, und das Forschungsinstitut Charles-Darwin-Station schafft die wissenschaftlichen Voraussetzungen für einen optimalen Naturschutz.

Galapagos 2000

Als ich die Galapagos-Inseln, diese "Arche Noah der Tiere", vor dreißig Jahren besuchte, gab es nur einen Zubringer, die Cristóbal Carrier. Einmal im Monat fuhr das Schiff die Inseln an, brachte Post und Lebensmittel für die knapp 400 Menschen, die dort lebten. Und nur ganz wenige Touristen interessierten sich für die einmalige Tierwelt des Archipels.

Heute leben auf den Inseln an die 5000 Siedler, und die Bevölkerung wächst ständig weiter an. Zusätzlich wollen rund 40000 Touristen jedes Jahr die "Trauminseln im Pazifik" besichtigen.

Und doch blieb bis heute der Zauber der Inseln erhalten, blieb die Tierwelt einigermaßen intakt. Obwohl es schon zu den Zeiten, als wir damals filmten, große Gefahren für die urtümlichen Tiere gab: Die verwilderten Haustiere. Alle Menschen, die je auf

Bei meinem ersten Besuch von Galapagos vor dreißig Jahren gab es als Zufahrt nur den Christóbal Carrier, ein umgebautes Landungsfahrzeug der US-Army, das den Archipel ein Mal im Monat aufsuchte, um die etwa 400 Siedler zu versorgen. Bei dieser Gelegenheit konnte eine kleine Zahl von Touristen auf einer kurzen Kreuzfahrt die "Arche Noah" besuchen.

Heute gibt es auf dem Galapagos-Archipel zwei Jet-Flughäfen. Es gibt 5000 Siedler und rund 40000 Touristen pro Jahr. Galapagos ist ein Top-Ziel für den internationalen Tourismus geworden. Wie uns die Academy Bay von Santa Cruz zeigt, gibt es heute Autos, Omnibusse, Lastwagen. Vor 30 Jahren gab es hier nicht ein Kraftfahrzeug. Es gab nur zwei Fischkutter für den Tourismus. Heute fahren an die 100 Boote und Schiffe die Inseln an, aber nur unter der Leitung versierter Guides, die dafür sorgen, daß die Tiere und Pflanzen der "Arche Noah" nicht beeinträchtigt werden. Diese einmalige Naturlandschaft wird nur dann der Nachwelt erhalten bleiben, wenn alles daran gesetzt wird, daß nur so viele Touristen, nur so viele Siedler hier geduldet werden, daß das Ökosystem der Landschaft nicht beeinträchtigt und zerstört wird.

den Inseln landeten, hatten ihre Tiere mitgebracht: Kühe, Schweine, Ziegen, Hunde. Die Seeräuber, die Galapagos als Ruheplatz zwischen ihren Räubereien nutzten, setzten Ziegen und Schweine sogar aus, damit sie sich vermehren sollten und bei ihrer Rückkehr als Frischfleisch Verwendung finden konnten. Diese Seeräuber erkannten auch als erste, was für ein vorzüglicher Fleischvorrat die Riesenschildkröten waren. So eine Schildkröte kann einen Monat lang ohne Futter und Wasser auskommen. Also stapelten sie sie zu Hunderten in ihren dunklen Laderäumen als Steak-Vorrat. Tausende von Schildkröten verschwanden so von den Inseln. Und von mancher Art gab es nur noch wenige, als ich dort filmte.

Auch später, als die Walfänger anlegten, entließen sie artfremde Tiere in die Wildnis: Hunde, Ratten, Katzen, selbst die bissigen roten Ameisen kamen auf diese Weise auf die Inseln.

Diese verwilderten Haustiere dezimierten die einheimische Tierwelt: Schweine buddelten Schildkröteneier aus, die Ziegen fraßen die Vegetation weg, die Ratten nahmen sich Küken und Eier der Vögel.

1959 erklärte die Regierung Ecuadors alle unbewohnten Galapagos-Inseln zum Nationalpark. Gleichzeitig wurde unter dem Patronat der UNESCO die Charles-Darwin-Stiftung gegründet. Und 1961 begann der WWF (World Wide Fund for Nature) mit seinem Engagement für die Inseln. Vier Punkte sollten in Angriff genommen werden:

1. Nationalpark-Sicherung

Am Rande einer kleinen Ansiedlung auf Santa Cruz wurde eine Forschungsstation gebaut. Sie begann sofort damit, Schutzmaßnahmen auszuarbeiten und umzusetzen sowie Nationalpark-Wächter auszubilden und Umweltsicherung zu betreiben. Heute dürfen von den 32 Inseln nur sechs besucht werden. Immer nur mit Führer auf markierten Pfaden. Er voran, die Touristen im Gänsemarsch hinterher. Es wurde ein Forschungsschiff angeschafft, das wissenschaftliche Aufgaben erfüllt. Ungefähr 90 % der gesamten Landfläche sind heute als Nationalpark ausgewiesen und geschützt, eine Fünfzehn-Meilen-Zone um die Insel ist in den Nationalpark integriert.

2. Ausrottung der Fremdtiere

WWF erkannte, daß die Tiere, die das biologische Gleichgewicht stören oder vernichten, also verwilderte Hunde, Katzen, Ziegen, Schweine, Ratten, dezimiert oder ausgerottet werden müßten. An einigen Stellen der Inseln sind Ziegen, Schweine und Hunde bereits voll unter Kontrolle. Da hat sich die ursprüngliche Vegetation regeneriert, Schildkröten, Pelzrobben, Leguane und Vögel haben sich bereits vermehrt.

3. Forschung

Jede Insel hatte früher eine Schildkrötenart. Auf vielen Inseln waren sie fast ausgerottet. Hier und da hat man noch zwei, drei gefunden. Die hat man in der Darwin-Station so vermehrt, daß sie auf den Inseln, von denen sie kamen, wieder ausgesetzt und sich selbst überlassen werden konnten. Ähnlich war es bei den drachenähnlichen Leguanen, den Drusenköpfen, die durch wildernde Hunde stark dezimiert waren.

4. Tourismus

Der Tourismus, den man in den letzten Jahren ganz gut im Griff hatte, wird jetzt wieder zum Problem. Das Nationalpark-Management möchte gern ein Maximum von 25 000 Touristen pro Jahr festlegen, aber es kommen jetzt schon doppelt so viele. 32 neue Touristen-Agenturen bekamen von der ecuadorianischen Regierung die Lizenz zum Transport von Menschen nach Galapagos: mit Booten - zu den 66, die es schon gab. Also fahren jetzt 100 Boote die Inseln an - im Gegensatz zu dem einen kleinen Seelenverkäufer, als ich da war. Die größten Schiffe können bis zu 90 Touristen bringen. Dennoch ist eigentlich noch vieles in Ordnung, da sie immer nur unter Führung eines ausgebildeten Guides an Land dürfen. Noch wird eingehalten, was die Guides ständig fordern: Nicht streicheln, nicht füttern! Was manchmal schwerfällt, weil die jungen Seelöwen beispielsweise direkt um Streicheleinheiten betteln.

Galapagos 2000

1959 erklärte die Regierung Ecuadors die Galapagos-Inseln zum Nationalpark. Gleichzeitig wurde unter dem Patronat der UNESCO die Charles-Darwin-Stiftung gegründet. Als Nationalpark sind 90% der Galapagos-Inseln ausgewiesen, dazu gehört mittlerweile auch eine 15-Meilen-Zone um die Inseln herum. Seit 1961 unterstützt der WWF (World Wide Fund for Nature) die Arbeit der Charles-Darwin-Station, die eng mit der Nationalpark-Verwaltung zusammenarbeitet. In den ersten Jahren konzentrierte sich die Arbeit der Forschungsstation auf die Sichtung der gefährdeten Arten und das Sammeln von Basisdaten für Schutzprogramme. Das erste realisierte Schutzprogramm war die Aufzucht und Wiederaussetzung der Landschildkröten. Parallel dazu wurden und werden eingeschleppte Tiere (wie Ziegen) und Pflanzen zurückgedrängt und kontrolliert. Es wurde ein Wegenetz für die Besucher angelegt sowie ein Überwachungskonzept entwickelt, um die Störung der einmaligen Lebewelt und die Zerstörung der Lavaflächen so gering wie möglich zu halten. Die Nationalpark-Führer, die die Touristen begleiten, werden von der Darwin-Station geschult. Ganz wichtig ist heute für die Darwin-Station auch das Weitergeben des Wissens an ecuadorianische Lehrer und Studenten, denn diese müssen die Zukunft der "Arche Galapagos" bewahren.

Wildnis am Äquator

Die Vogel-festungen im Humboldtstrom - die Guano-Inseln

Etwa 30 bis 40 Kilometer vor den Küsten Perus und Ecuadors liegen einige vegetationslose Felseninseln mitten im Humboldtstrom. Das ist jene kalte, an der Westküste Südamerikas nach Norden verlaufende Meeresströmung. Von der Küste aufs Meer wehende, ablandige Winde fördern kaltes Tiefenwasser

nach oben, das nährstoffreicher ist als das restliche Meer. Dadurch wird ein enormes Planktonwachstum - das sind tierische Kleinstorganismen, die frei im Wasser schwimmen - gefördert.

Von diesem Plankton ernähren sich Myriaden von kleinen Fischen, die Anchovetas. Diese wiederum, für Menschen ungenießbar, sind die Leibspeise sowohl der Raubfische unten im Wasser als auch der Vögel, die sie direkt von der Wasseroberfläche pikken. Rund 20 Tonnen solcher Anchovetas schwimmen den fliegenden "Fischern" direkt in den Schnabel.

Und diese vielen Vögel, die vom Meer ernährt werden, leben auch mitten im Meer: auf den Felseninseln, den Guano-Inseln vor der peruanischen Küste. Seit Jahrtausenden leben sie dort: Pelikane, Kormorane, Tölpel, Pinguine, Seeschwalben, Scherenschnäbel, Möwen. Da es hier kaum regnet, konnten im Laufe der Zeit die Ausscheidungen der Vögel, der sogenannte Guano, fortwährend im Küstenbereich abgelagert werden, ohne gleich wieder einem Zersetzungsprozeß durch Witterungseinflüsse ausgesetzt zu sein. Dies führte allmählich zu einer immer größeren Anhäufung von Exkrementen. Stellenweise erreichten die Ablagerungen gar eine Dicke von 35 Metern. Das ist durchaus realistisch, wenn man sich vorstellt, daß etwa 35 Millionen Vögel täglich fast 1000 Tonnen Fisch verdauen. Wegen der wirtschaftlichen Nutzung des Guanos wird diese Mächtigkeit heute allerdings nicht mehr erreicht.

Seit 2000 Jahren weiß man, was für ein hervorragendes Düngemittel dieser Guano ist, dreißigmal wirksamer als der beste Stalldünger. Perus Küste ist wirklich ein trockener, vegetationsloser Landstrich. Dennoch, mit Hilfe von Guano ist ein Anbau von Baumwolle und Gemüse auf diesem mageren, künstlich bewässerten Wüstenboden möglich. Dabei kann sogar dreimal im Jahr geerntet werden. Kein Wunder also, daß bereits 1856 50000 Tonnen des weißen Guanos abgebaut wurden. Seit 1956 sind es jährlich schon 330000 Tonnen. Früher wurde das ganze Jahr hindurch auf diesen Guano-Inseln gearbeitet, heute geht man pfleglicher mit dem "weißen Gold" um. Die Nutzung ist geregelt; es darf nur die Menge entwendet werden, die dem natürlichen Zuwachs entspricht. Während

der Brutzeit wird der Abbau ganz eingestellt. Lediglich für wissenschaftliche Untersuchungen dürfen dann die Inseln betreten werden. Darum war es für uns auch so schwierig, eine Genehmigung zum Filmen zu bekommen. Viele Ämter wurden eingeschaltet, viele Papiere mußten ausgefüllt werden, bis es endlich klappte. Für unsere Filmaufnahmen erhielten wir eine Genehmigung.

Wir setzten mit einem kleinen Fischerboot über, wollten auf Chincha-Centro, der größten Insel, etwa 20 Kilometer vor der Küste gelegen, landen. Auf ihr brüten rund 800000 Vögel. Hauptsächlich Tölpel und Kormorane. Auch Pelikane lassen sich hier in großer Zahl nieder. Schon die Überfahrt war überwältigend. Während dieser einen Stunde beobachteten wir fasziniert das Kommen und Gehen riesiger kilometerlanger Flugkeile von Kormoranen und Pelikanen über dem Meer.

Die Dreharbeiten auf der Insel waren dann kein reines Vergnügen mehr. Sicher, es war faszinierend, inmitten von Hunderttausenden von Vögeln zu stehen und zu filmen. Doch der Wind

Foto Seite 72/73
Vor der Wüstenküste von Peru, im Humboldtstrom, liegt eine Kette kleiner Inseln, wie Festungen der Seevögel. Schwierig ist das Landen zwischen den schroffen Klippen, und außerdem werden die Inseln seit jeher in der Nistzeit streng bewacht. Auf ihnen brüten Millionen und Abermillionen von Kormoranen, Pelikanen und Tölpeln, die mit ihren Verdauungsprodukten den wertvollsten Naturdünger der Erde liefern: Guano.

Während des ganzen Jahres leben die "Guanovögel" auf den Inseln im Humboldtstrom, um von hier aus zu den reichen Fischgründen zu fliegen. Pausenlos starten und landen die Vögel auf den Inseln, wo kein Baum, kein Strauch Schatten spendet. Schutzlos leben sie in der sengenden Sonne der Guanowüste.

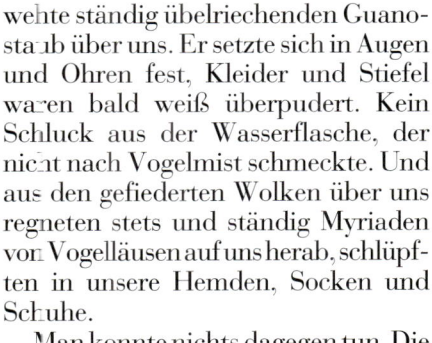

wehte ständig übelriechenden Guanostaub über uns. Er setzte sich in Augen und Ohren fest, Kleider und Stiefel waren bald weiß überpudert. Kein Schluck aus der Wasserflasche, der nicht nach Vogelmist schmeckte. Und aus den gefiederten Wolken über uns regneten stets und ständig Myriaden von Vogelläusen auf uns herab, schlüpften in unsere Hemden, Socken und Schuhe.

Man konnte nichts dagegen tun. Die Wächter und Arbeiter auf diesen Inseln haben es bestimmt nicht einfach, zwölf Stunden am Tag in dem stinkenden Mist zu leben und zu arbeiten.

Zum Leidwesen der Vögel hat der Mensch inzwischen eine andere Düngerquelle aufgetan. Mit Spezialschiffen werden riesige Mengen von Anchovetas aus dem Meer gefischt, in Fabriken zu Fischmehl verarbeitet und als Düngemittel verkauft. Auf die Dauer könnte dieses Vorgehen zu einer Verminderung der Futterfische führen und damit den Entzug der Nahrungsgrundlage für die Vögel bedeuten. Es wäre nicht das erste Mal, daß der Mensch so rücksichtslos in die Natur eingreift.

Ein erregendes Schauspiel ist es, die Jagd der Vögel im Humboldtstrom zu beobachten. Oft sind es viele tausend Guanovögel, die sich auf einen Anchovetasschwarm, sardinengroße Fische, stürzen. Die Tölpel mit faszinierendem Sturztauchen, die Kormorane als geschickte Unterwasserjäger, und die Pelikane schnappen die Beute auf der Oberfläche und unter Wasser.

Auf Chincha Centro, der größten Vogelfestung im Humboldtstrom, sind die dicht gedrängten Nistkolonien der Millionen von Kormoranen von einem breiten Kranz brütender Pelikane umgeben. Alte und kranke Vögel schleppen sich zu abgelegenen, windgeschützten Plätzen, um auf diesen "Vogelfriedhöfen" zu sterben. Täglich streichen Kondore von den Kordilleren heran, um dort reiche Mahlzeit zu halten.

Bei den Fischern von Manta

Es war uns weder auf den Galapagos-Inseln noch auf der Fahrt zu den Guano-Inseln gelungen, Aufnahmen von den Fischen im Humboldtstrom zu machen. Es war mir auch nicht vergönnt, einen Wal, der urplötzlich neben uns zum Luftholen auftauchte, sowie einen Segelfisch, der mit ungeheurer Geschwindigkeit etwa dreißig Meter über der Wasseroberfläche dahinflog, zu filmen. Zu schnell ging alles. Also wollten wir es von dem Fischerdorf Manta in der ecuadorianischen Provinz Manabi aus versuchen. Die Fischer dort waren berühmt für ihre Geschicklichkeit, ihre Fangkünste und ihren Mut. Schon die Fahrt dahin in einem überfüllten, museumsreifen Bus war anstrengend. Der Ort selbst, umgeben von einer wüstenähnlichen Landschaft, schien wie ausgestorben. Umso größer war die Betriebsamkeit am Strand. Die Ursache ließ sich schnell feststellen: Gerade waren die leichten Balsaboote vom Fang zurückgekehrt. Schwertfische und Segelfische, Hammerhaie, Bonitos und Corvinas lagen am Strand. Aber auch massenhaft Meeresschildkröten. Vor uns im heißen Sand ein "Black Marlin", eine Schwertfischart, die fünf Meter lang wird und kaum in das kleine Fangboot paßt. Die Fischer weideten die großen Fische gerade aus, umschwärmt von Rabengeiern, Fregattvögeln und Pelikanen. Sie fraßen die Eingeweide, die die Fischer einfach an den Strand warfen. Mit einem Motorkutter, den uns Bill Costa, ein amerikanischer Handelsagent, zur Verfügung stellte, begleiteten wir am folgenden Tag die Fischer auf ihren Fangzügen.

Die Balsaboote, keines länger als sechs, sieben Meter, flitzten mit geblähten Segeln über die Wellenkämme. Hatte eins der Schiffe einen Riesenfisch am Haken, ließ der Fischer blitzschnell das Segel fallen und gab dem Fisch Gelegenheit, sein Boot ins Meer hinaus zu ziehen. Solange, bis der Fisch müde war und aufgab. Wie weiland bei "Der alte Mann und das Meer"! Es war eine grausame Jagd, voller Gefahren und Strapazen.

Ich versuchte, den Fang, die Jagd, all das auf meinen Film zu bannen.

Doch das Boot schaukelte so stark, es hatte auch zeitweise eine ungeheure Geschwindigkeit drauf, wenn wir dem Fisch folgten - es ging nicht. Wenigstens konnten wir dokumentieren, wie geschickt diese Fischer ihre riesige Beute in die Boote bugsierten: Sie nehmen zum Fang schwere Sandsäcke mit in die Boote. Wird der Fisch nun über die Bordwand gezogen, so wird auf der anderen Seite Sand aus den Säcken ins Meer abgelassen - immer genau die Menge, mit der der Fisch das kleine Fahrzeug belastet. Bis der Fisch im Boot liegt. Ich habe Boote gesehen, die einen Weißflossenhai transportierten, bei dem der Kopf vorne über das Boot hing, die Schwanzflosse hinten hinaus. Auch ein Schwertfisch von 400 Kilo wurde angeschleppt. Viele der Fischer lassen ihr Leben beim Fischen, aber sie verdienen gut daran in diesem armen Land.

Ein großer Schwertfisch von 500 Pfund ist das Wunschziel für zahllose Hochseefischer von Baja California bis Ecuador. Kaum sind die Fische, hier am Strand von Manta, ausgenommen, stehen schon die Käufer bereit, um den Fang zu den Kühlhäusern von Guayaquil, wo die Weiterverarbeitung erfolgt, zu transportieren.

Mit den leichten Booten aus Balsaholz unternehmen die Fischer von Manta ihre kühnen Fangzüge auf das offene Meer.

Am Strand von Manta finden die Seevögel, Fregattvögel, Pelikane und Rabengeier einen reich gedeckten Tisch. Als Abfallbeseitiger werden sie von den Fischern gerne gesehen.

Oft ist die Beute größer und schwerer als das Boot. Die Boote bestehen aus federleichtem Balsaholz und tanzen wie Korken auf den Wellen. Schwer beladen aber kann der Rückweg lange dauern.

Die scharlachroten Indianer

In Ecuador befindet sich ein Urwaldgebiet zwischen dem Pazifischen Ozean und dem Hochgebirge der Kordilleren: Las Esmeraldas. Spanische Eroberer hatten es einst entdeckt und Einheimische vorgefunden, die taubengroße Smaragde als Schmuck trugen.

Als sie jedoch erkannten, daß diese Smaragde gar nicht aus der Gegend stammten, zogen sie enttäuscht wieder ab. Zurück ließen sie entflohene Sklaven, die sich von ihren Schiffen in den Urwald abgesetzt hatten. Dort vermehrten sie sich im Lauf der Zeit reichlich und wurden für die immer wiederkehrenden Spanier so wehrhaft, daß schließlich fast drei Jahrhunderte lang kaum noch ein Weißer die "Esmeraldas", wie das Gebiet inzwischen genannt wurde, betrat.

Die Nachkommen dieser Sklaven vertrieben die Indios aus ihrer angestammten Heimat. Fremde Krankheiten, eingeschleppt aus Europa und Afrika, taten ein übriges: Heute leben in diesem dünnbesiedelten Gebiet rund 30 000 dunkelhäutige Menschen und nur noch 600 Indios, die zu gleichen Teilen den Stämmen Dapaya und Colorados angehören.

Ich wollte unbedingt zu den Colorados vordringen. Ihr Name sagt schon, warum: Die Angehörigen dieses Indiostamms bemalen sich mit roter Farbe. Farbtöpfe gehören zu ihrem Handgepäck wie der Lippenstift zur weißen Frau.

Uns führte Charly Hirtz, ein Kenner und guter Freund der Eingeborenen. Von Quito, der Hauptstadt Ecuadors aus, machten wir uns auf. Luftlinie bis zu den Urwäldern: 70 Kilometer. Doch wir hatten einen viel, viel längeren Weg. Maultiere schleppten unsere schwere Ausrüstung, wir sanken zeitweise in den matschigen, morastigen Boden. Wir gingen, einer hinter dem anderen, auf schmalen sumpfigen Pfaden durch den tropischen Regenwald - bis wir schließlich das Dorf der "Scharlachroten" erreichten. - Jede Sippe lebt für sich, ohne Häuptling, in einfachen Palm-blatthütten. Gebleichte Tierschädel hängen von der Firststange, sie sollen die bösen Geister vertreiben.

Zwei Wochen lebten wir bei den Colorado-Indianern im Küstenurwald von Ecuador und erlebten diese Naturmenschen noch im Einklang mit der Natur.

Vor dreißig Jahren filmte und fotografierte ich Conchita, ein 16jähriges Coloradomädchen, im Kreis ihrer Familie. Bei meiner Wiederkehr bringe ich Fotos mit, die ich damals aufgenommen habe. Man traut kaum seinen Augen, wie sehr sich Lebenswandel, Bekleidung und Lebensinhalt gewandelt haben (Fotos unten).

Eigentlich wurden sie schon christianisiert, aber sie leben noch mit Magie und Zauberei, und ihr Leben wird immer noch von zahlreichen Tabus beherrscht.

Von unseren "Scharlachroten" sprachen einige der Männer etwas Spanisch. Wir hatten Geschenke mitgebracht, und so waren wir bald "gut Freund". Sie ließen uns teilnehmen an ihrem einfachen Leben, das von der Zivilisation bereits stark beeinflußt ist. Aber ihre Nahrung kommt noch immer überwiegend aus dem Urwald: Goldrote Bananen sind der Hauptbestandteil jeder Mahlzeit. Sie werden gekocht oder gebraten, stark gepfeffert und mit gekochtem Fleisch vermischt. Sie bauen auch selbst an: Maniok, Kartoffeln, Mais, Bohnen und Papayas. Hauptbeschäftigung der Frauen ist das Sammeln wilder Pflanzen und eßbarer Früchte, die Männer fischen und jagen.

Leider hat sie die Zivilisation in ihrer unangenehmsten Form schon erreicht. Was die Colorados nicht für den eigenen Bedarf brauchen, tauschen sie im Urwaldstädtchen Santo Domingo gegen Werkzeuge, bunte Baumwollstoffe, billigen Schmuck und Alkohol um. Auch in dieser Sippe gab es schon Alkoholiker.

Wir durften sie in den Urwald begleiten. Frauen, Männer und Kinder gingen mit uns über verschlungene Pfade. Die Frauen der Colorados sind hübsch. Doch ab 25 ist es vorbei mit der guten Figur und dem attraktiven Aussehen. Sie bekommen Hängebak-

*Bei unserem Wiedersehen dreißig Jahre später hatte sich
vieles geändert. Die Familie der Colorados bestellte weiterhin
ihre kleinen Felder, aber der Hauptprofit war jetzt die
"Folklore" für Touristen, für die man das farbige Make up
auflegte und für die man musizierte und posierte.*

ken, Hängebusen und setzen Speck
an. Die Damen malen nur gelegentlich
mal ihr Gesicht an. Die Eitleren sind
die Herren. Sie sehen manchmal aben-
teuerlich aus: Zu der roten Farbe auf
dem Körper, die mit schwarzen Quer-
strichen verschönt wird, kommt noch
eine passende "Kopfbedeckung". Die
Herren der Schöpfung kneten rot-
gefärbtes Bienenwachs in ihre Haare
und formen sie so, daß sie wie eine
Mütze aussehen. Oft reicht der ausge-
franste "Schirm" dieser Mütze so weit
in die Stirn, daß sie den Kopf zurückle-
gen müssen, wenn sie mit jemandem
sprechen. Den Farbstoff gewinnen sie
aus den Fruchtkernen des Achiote-
baumes. Ich pflückte eine Frucht und
hatte sofort rote Finger.

Die Buschwildnis, durch die sie uns
führten, war beeindruckend. Die Temperatur betrug meistens 18 bis 28 Grad.
Alles klettert nach oben ans Licht. Da
regnet es viel, ist der Boden immer
feucht. Lianen hängen dicht an dicht,
und Orchideen sprießen überall aus
morschen Ästen.

Wir sahen und filmten goldgrüne
Pharomadru-Vögel, rotgelbe Cotingida
und viele Tukane. Puma- und Jaguar-
fährten kreuzten die Pfade, Faultiere

Boa Constrictor, die Abgottschlange. Riesenschlangen sind nicht giftig, sie überwältigen ihre Beute, indem sie diese erwürgen. In vielen Abenteuerromanen wird von tödlichen Begegnungen mit Riesenschlangen in tropischen Urwäldern geschrieben. Es ist fraglich, ob je ein Mensch von einer Riesenschlange im Urwald getötet wurde.

Der einst unermeßliche Amazonasurwald wurde in wenigen Jahrzehnten dezimiert, mit ihm die Lebensvoraussetzungen der Naturvölker, die hier mit der Natur im Einklang lebten.

hingen in den Bäumen. Auf dem Weg trafen wir dann eine fünf Meter lange Boa Constrictor, Ameisenbären wanderten mit uns, und Affen beschimpften uns von den Bäumen herab. Unvergeßlich der würzige Duft, der aus den Bäumen wehte. Grün und golden schimmerte die ganze Umgebung, dazwischen die rotgefärbten Menschen. Es ist wirklich schade, daß diese Paradiese langsam zugrunde gehen.

Ausverkauf der Regenwälder

Vor etwa 40 Jahren begann der Mensch, die Wälder des Tropengürtels in einem bis dahin unvorstellbaren Tempo zu "erobern". Es waren vornehmlich die feuchten, immergrünen Regenwälder, die es ihm angetan hatten. Wie in den Wäldern der gemäßigten Zonen weckten auch in den Tropen die Gehölzpflanzen sein besonderes Interesse. Und davon gab es reichlich: etwa 50000 Baumarten sind aus den Tropenwäldern bekannt.

Die Nachfrage nach Holz stieg rasch. Es wurde kräftig eingeschlagen, immer neue, unberührte Waldbereiche erschlossen. Damit wurde aber auch der Weg für nachrückende Siedler frei gemacht. Die ersten Pflanzer wanderten ein und brandrodeten. Und immer mehr Menschen, zumeist aus entfernt liegenden Gegenden, folgten nach. Der Landschaftsverbrauch nahm gerade-

zu dramatische Züge an. In nur 30 Jahren wurde fast die Hälfte des ursprünglichen Bestandes an tropischen Regenwäldern vernichtet: Das ist jedes Jahr die Fläche der alten Bundesrepublik Deutschland. Hält die Entwaldungsrate an, wird der tropische Regenwald in 30 Jahren ganz von unserer Erde verschwunden sein. Dies käme einer biologischen Katastrophe gleich, die alles, was sich seit der Entstehung von Leben auf der Erde ereignet hat, weit in den Schatten stellt.

In keinem anderen Lebensraum finden wir so viele Tier- und Pflanzenarten wie im tropischen Regenwald. Schätzungen bewegen sich zwischen 5 und 30 Millionen Arten, die meisten davon sind noch nicht einmal bekannt. Verlust an tropischem Regenwald bedeutet deshalb gleichzeitig das Todesurteil für eine Fülle von Organismen, von denen die meisten kaum in der Lage sind, sich an veränderte Bedingungen anzupassen. Der Artentod ist endgültig, unwiderruflich und auch durch die bestentwickeltste Technik nicht wieder gutzumachen. Ist eine Art einmal ausgerottet, kommt sie nicht mehr zurück. Und trotz aller Warnungen und Proteste geht die Artenvernichtung weiter. Sie liegt derzeit bei einer Art pro Stunde. Bis zum Jahre 2000 werden schätzungsweise 10%, bis zum Jahre 2008 25% der auf der Erde vorkommenden Arten verschwunden sein.

Der Mensch ist im Begriff, die Schatzkammer der Erde vollständig zu plündern. Was Jahrmillionen brauchte, um

zu dem zu werden, was es heute ist, nämlich das komplizierteste und vielfältigste Ökosystem, könnte durch ihn innerhalb von wenigen Jahrzehnten zerstört werden. Gemessen an der über Milliarden von Jahren während Entwicklungsgeschichte des Lebens auf unserer Erde dauert dieser Zerstörungsprozeß noch nicht einmal eine Tausendstelsekunde.

Artenvernichtung bedeutet auch den Verlust eines unermeßlichen genetischen Potentials, das bisher noch kaum untersucht und genutzt wurde. Angesichts der rasch fortschreitenden Entwicklung von Techniken und Verfahren, genetisches Material zu manipulieren, eröffnen sich ungeheure Möglichkeiten, Wildformen in Nutzpflanzenbestände einzukreuzen. Dafür brauchen wir aber Lebensräume, in denen diese Wildformen eine Überlebenschance haben.

Wird der Regenwald zerstört, verschwindet das größte Chemielabor der Erde. Die ungeheure Zahl an chemischen Verbindungen, die hier von den Pflanzen hergestellt werden, stößt vor allem in der Medizin auf immer größeres Interesse. Etwa 900 Pflanzengat-

hat sich der WWF für den Schutz der tropischen Regenwälder eingesetzt. Eine seiner wichtigsten Aufgaben sieht der WWF heute darin, die noch verbliebenen primären Regenwaldgebiete mit ihrer einzigartigen biologischen Vielfalt zu erhalten. Dabei kommt es neben der Ausweitung von Schutzgebieten insbesondere darauf an, im Hinterland solcher Schutzgebiete kontrollierte, naturverträgliche Nutzungskonzepte zu entwickeln sowie die ländliche Bevölkerung in die Naturschutzbemühungen einzubeziehen. Der WWF bemüht sich um einen Konsens zwischen dem Schutz und dem Nutzen der natürlichen Güter. Eine Lösung dieses Konflikts ist unabdingbar, will man das gesteckte Ziel, eine möglichst flächendeckende Erhaltung intakter Regenwälder, erreichen.

Regenwald

Der WWF bemüht sich um die Erhaltung des tropischen Regenwaldes, in dem mehr als die Hälfte aller wildlebenden Tier- und Pflanzenarten vorkommen, der die Heimat von Naturvölkern ist und der als Rohstoffquelle und Lieferant von zahlreichen Arznei- und Nahrungsmitteln dient. Die Bewahrung der biologischen Vielfalt tropischer Waldökosysteme hat für den WWF höchste Priorität.

Savanne

Der WWF unterstützt neben der Sicherung großräumiger, weitgehend nutzungsfreier Nationalparks und Schutzgebiete auch alle Maßnahmen einer dauerhaften, ökologisch tragbaren Nutzung von Tier- und Pflanzenarten zum Wohle der Menschen einerseits und zur Bewahrung der natürlichen Lebensgemeinschaften andererseits.

Artenschutz

Der WWF überwacht den Handel mit wildlebenden Tier- und Pflanzenarten und deren Produkte, kontrolliert den Vollzug des "Washingtoner Artenschutzübereinkommens" (WA) und deckt Mängel auf.

tungen werden allein im tropischen Westafrika von der einheimischen Bevölkerung auf die eine oder andere Weise genutzt. In Ghana sind bisher 187 Medizinalpflanzen bekannt und registriert, die gegen mehr als 300 Krankheitssymptome eingesetzt werden. Von 3000 weltweit erfaßten Pflanzenarten, die Wirkstoffe gegen Krebs erzeugen, kommen 70% im tropischen Regenwald vor.

Erhaltung der genetischen Potentiale durch Schutz der Artenvielfalt ist eine wesentliche Voraussetzung für das langfristige Wohlbefinden der Menschheit. Der Artenschwund kommt einer schleichenden Katastrophe gleich, deren Ausmaß niemand vorherzusehen vermag. Er stellt mit Abstand die schwerwiegendste Folge der Regenwaldvernichtung dar.

Verheerend wirkt sich die Zerstörung der Regenwälder aber auch auf die Umwelt aus. Verschwindet die schützende Pflanzendecke, gerät der Wasserhaushalt außer Kontrolle. Der Boden ist nicht mehr in der Lage, das Regenwasser aufzunehmen, zu halten und bei Bedarf an die Umgebung wieder abzugeben. Die Wassermassen fließen schneller ab und reißen die ohnehin geringen fruchtbaren Bodenteile mit sich. Bodenverarmung und Erosion bis hin zu erdrutschartigen Erscheinungen sind die Folge. Nicht zuletzt bestehen auch Auswirkungen auf das regionale und globale Klima. Durch die Freisetzung großer Mengen von Schadstoffen, die bei der Brandrodung, in der Weide- und Landwirtschaft entstehen, ändert sich die chemische Zusammensetzung der Erdatmosphäre. Es sind vornehmlich Kohlendioxid, Methan und Lachgas, die zusammen mit Wasserdampf, Ozon und den ausschließlich vom Menschen hergestellten Fluor-Chlor-Kohlenwasserstoffen als Treibhausgase zur Erwärmung der Erdatmosphäre beitragen und dadurch den sogenannten Treibhauseffekt verstärken. Dies führt dazu, daß die Regenmenge ab- und die Temperatur in Bodennähe zunimmt und letztlich Bedingungen entstehen, unter denen ein feucht-tropischer Regenwald nicht bestehen kann. Das Schicksal des Regenwaldes wäre besiegelt.

Diese fatale Entwicklung muß aufgehalten und wo immer möglich umgekehrt werden. Zeit seines Bestehens

Wildnisse Nordamerikas

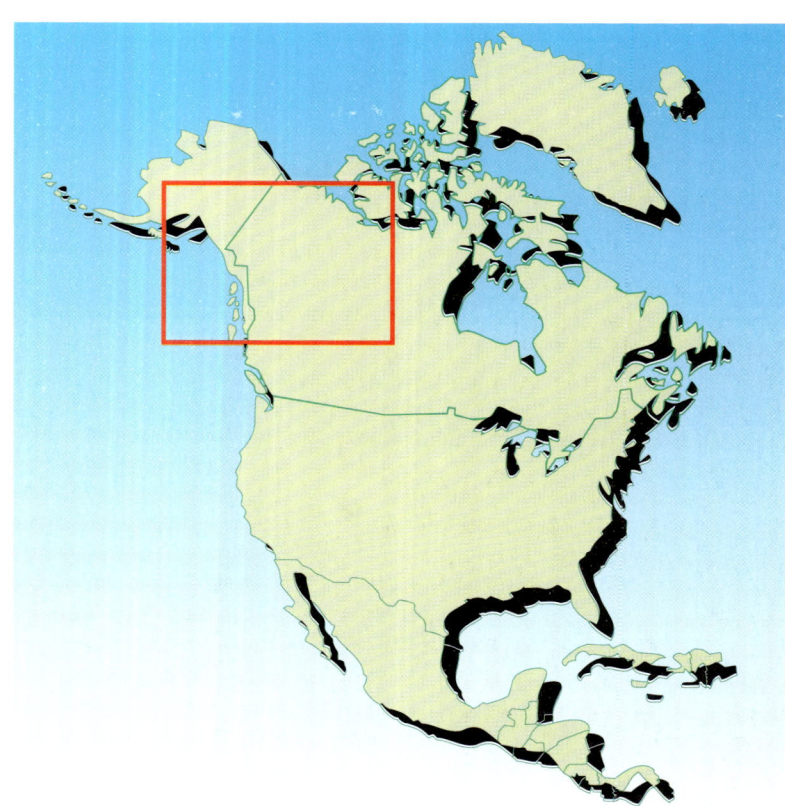

Kanada, Land der Bären und Elche

Wenn ich eine Expedition in ein fernes Land plane, dann informiere ich mich, so, wie es alle Tierfilmer tun, vorher darüber bei Kollegen und Freunden, wo und wie man sich in diesem Land die nötigen Informationen über Land und Leute beschafft. Mit welchen Behörden man verhandeln muß. Wie man an Träger und Führer kommt, und was sie kosten. Und natürlich, wie die klimatischen Verhältnisse sind.

Denn ich muß richtig angezogen sein und das Nötige für die Kameras dabei haben.

Tierfilmer und Tierforscher sind eine internationale Arbeitsgemeinschaft, die sich (meistens) mit Rat und Tat unterstützt. Man trifft sich bei Filmvorführungen oder zu Tagungen und tauscht Wissen aus. Wo hat man in jenem Land welche Tiere gesehen? Welcher Flieger kennt sich am besten aus? Welcher Führer ist am erfahrensten?

Als ich mich aufmachte, um für zwei Jahre in den hohen Norden, nach Kanada, Alaska und in die Beringsee zu fahren, da hatte ich bereits Verbindung zu Al Oehming hergestellt, einem Deutschen, der in Kanada einen Freilandzoo besonderer Art geschaffen hat. Eine halbe Stunde von Edmonton entfernt, erstreckt sich ein Wildpark mit Wäldern, Wiesen und kleinen Seen, in dem alle möglichen exotischen Tiere, darunter Elefanten, Nashörner, Giraffen und Affen leben - attraktiv für die Nordländer. Doch attraktiv für mich und auch für die zoologische Wissenschaft waren mehr die arktischen und subarktischen Tiere, die Oehming in nahezu natürlichen Freigehegen hält. Er hatte sie sich in ausgedehnten Fangexpeditionen selbst beschafft. Es waren sehr seltene Exemplare darunter, die sich in seinem Wildpark fortpflanzten.

Bei ihm wollte ich die Expedition beginnen. Wollte die Verhaltensweisen besonders scheuer Tiere aus unmittelbarer Nähe filmen. Und von dort aus wollte ich dann mit einem kleinen Propellerflugzeug in die Wildreservate in Banff und Jasper in den Rocky Mountains im Norden fliegen. Oehming besorgte mir einen der besten Buschpiloten, den es in Kanada gibt: Charly Fix. Er beherrscht seine Cessna so spielend leicht, als wäre sie ein Teil von ihm.

Buschflieger in Kanada zu sein, ist nicht so kurios und einfach, wie es sich anhört. Die einmotorigen Maschinen haben nur Platz für vier Personen. Da gibt es keinen Flugplan, keinen Blindflug nach Instrumenten. Der Start und auch die Landung richten sich nach dem Wetter und den Boden-Gegebenheiten. Der Pilot muß nach Sicht fliegen.

Seine Maschine hat Ballonreifen, damit sie auf kurzen rauhen Flächen landen kann. Dazu hat sie Schwim-

mer, weil man im Hochgebirge zwar oft einen See, kaum je aber eine größere gerade Fläche für die Landung findet. Und sie hat Skier, um auf einer Eisfläche landen zu können. Unser Charly konnte fliegen wie der Teufel und hatte stahlharte Nerven.

Jeder Tierfilmer hat so seine eigenen Methoden und Marotten. Mir hat die Erfahrung vieler Expeditionen ins Tierreich bewiesen, daß ein Filmteam umso besser arbeiten kann, je kleiner es ist. Mit weniger Leuten kann man sich besser an scheue Tiere anschleichen.

Deshalb nahm ich auf meine Reise nur einen einzigen Mann mit, meinen Mitarbeiter und Freund vieler Jahre, Georg Theilacker. Träger und Hilfskräfte konnten wir uns an Ort und Stelle organisieren.

Eines unserer ersten und schönsten Erlebnisse war der Flug in die beiden großen, zusammenhängenden Naturschutzgebiete von Jasper und Banff. Charly ließ seine Maschine auf und nieder tanzen. Wir folgten tief eingeschnittenen Canyons, flogen haarscharf an Felswänden entlang und rauschten über eisige Gipfel. Die Landschaft der Naturschutzgebiete war überwältigend: himmelhohe Berge, dunkle Wälder, rauschende Wasserfälle, grüne Seen, Wildbäche und glitzernde Gletscher. Das Tierleben hier war noch so wie zu den Zeiten, als der erste weiße Mann das Land betrat. Wir konnten Elche ausmachen, Braunbären und Schwarzbären. In den Wäldern lebten Wapitis, Bergschafe durchzogen die Hügel, auch Luchse, Wölfe und Vielfraße gab es noch in natürlicher Umgebung. In den Teichen und Seen lebten Biber, ungestört und ungejagt. Natürlich sind die Wildparks erschlossen. Rund eine Million Besucher erleben die wilde Natur jährlich. Es gibt Wanderwege, Straßen, Reitwege. Dazu Hotels, Campingplätze, Rasthäuser und Berghütten. Doch die Menschen bleiben immer nahe der Wege. Dahinter ist nichts als Wildnis...

Wir mieteten uns eine Blockhütte, weit oben, schwer erreichbar. So einsam, daß wir wochenlang keinen Menschen gesehen haben. Von da aus zogen wir mit dem schweren Filmgerät bepackt durch die Natur. Zwei kleine Menschlein in diesem riesigen Garten Gottes.

Weite Teile Nordamerikas, vor allem Kanada, wurden auf der Suche nach Biberfellen erschlossen. Noch im Jahr 1875 brachte allein die Hudson Bay Company eine Viertelmillion Biberfelle auf den Markt.

Biberweibchen bekommen mit drei bis vier Jahren zum ersten Mal Nachwuchs. Die 1-2 Kinder eines Wurfes kommen behaart zur Welt und öffnen die Augen kurze Zeit nach der Geburt. Schon nach wenigen Tagen machen sie die ersten Exkursionen. Wenn sie sich aber zu weit von der schützenden Biberburg entfernen, werden sie von der Mutter nach Hause getragen. Dabei faßt die Bibermutter das Kind im Nacken, unterstützt es mit den Vorderpfoten und trägt es auf den Hinterbeinen watschelnd in die Kinderstube.

Im Land der Biber

Unseren ersten Film drehten wir über die Biber. 100 Millionen gab es in früheren Zeiten in Nordamerika. Die Verluste durch natürliche Feinde, wie Bären, Wölfe, Adler, Luchse oder auch durch eingeborene Indianer beeinträchtigten diese Zahl nicht. Die Menschen damals erbeuteten nur, was sie für ihre Bedürfnisse brauchten. Erst als der weiße Trapper und Pelzhändler ins Land kam, wurde das Geschäft mit den Biberfellen bedrohlich für die Tiere. Noch 1875 brachte allein die Hudson Bay Company eine Viertelmillion Biberfelle auf den Markt. Nicht lange danach waren die genialen Dammbauer fast ausgestorben. Erst zu Beginn unseres Jahrhunderts wurden in Nordamerika strenge Gesetze zum Schutz der Biber erlassen. Und heute sind sie wieder zahlreich.

Biber gehören zu den erstaunlichsten Tieren dieser Erde. Sie bauen sich große Wasserburgen, in denen sie leben und schlafen und ihre Jungen großziehen. Sie legen Kanäle an, errichten Staudämme aus Holz, das sie zu diesem Zweck selbst fällen. Alles zum Schutz ihrer Nachkommen. Denn im Wasser sind die ein Meter langen, etwa dreißig Kilogramm schweren Tiere wendig und schnell, auf dem Land dagegen unbeholfen und ziemlich langsam.

Ihre Burg im Wasser ist halbkugelförmig. Sie besteht aus Zweigen, Ästen, Schilf und Schlamm. Zwei Meter hoch und genauso breit ragt sie nur zum Teil aus dem Wasser heraus. Der Eingang liegt immer unter Wasser, schließlich muß man sich vor Räubern schützen. Eine unterirdische Röhre führt hinauf in die Wohnräume, die über Wasser liegen, aber verborgen in den genial verknoteten Ästchen.

Foto Seite 84/85
Kein anderes Tier der nördlichen Halbkugel hat den Menschen mehr beeindruckt als der Bär. Lange bevor der Löwe bekannt wurde, galt der Braunbär als König der Tiere. Zahllose Orte und Gaststätten sind nach ihm benannt. Nirgendwo kann man Meister Petz eindrucksvoller auf freier Wildbahn beobachten, als in den Wildnissen Nordamerikas.

Da die Wohnungen bei Hochwasser überschwemmt werden könnten oder aber bei Trockenheit für Landraubtiere leicht erreichbar wären, achten die Biber auf einen immer gleichbleibenden Wasserstand. Wie sie das machen, ist schon unglaublich: sie errichten am Abfluß des Sees, in dem sie wohnen, einen Damm aus starken Ästen. Dazu fällen sie Bäume, Weichholzbäume, die an den Rändern des Sees wachsen: Weiden, Espen, Pappeln. Ist zuviel Wasser im See, öffnen sie einfach eine Art "Schleuse". Ist zu wenig Wasser drin, verschließen sie den Damm mit Schlamm.

Das Biber-Revier, das wir schließlich gefunden hatten, enthielt drei solche Seen, von den Tieren etagenförmig angelegt. Sie waren durch Dämme getrennt. Und der oberste See ließ sein Wasser in den darunterliegenden fließen. Der Wasserstand wurde ständig kontrolliert. Man könnte meinen, daß Biber sogar den Wasserdruck berechnen können. Diese Dämme sind immer gerade so stark oder schwach gebaut, wie es der Wasserdruck erfordert. Sie verlaufen auch nicht gradlinig über das Wasser, sondern wölben sich dem strömenden Wasser entgegen, um den Druck nach den Seiten hin abzuwenden. Auf diese Art werden von den genialen Dammbauern reißende Wildbäche in ruhige Seen verwandelt, Sümpfe trockengelegt und so Weideland für Schalenwild geschaffen, weil sie für ihre Dämme ganze Waldlichtungen roden.

Am Osthang unserer "Drei-Seen-Platte" lag der Arbeitsplatz der Tiere, ihre Werkstatt. Übereinander, nebeneinander stapelten sich gefällte Bäume. Keilförmig abgenagte Äste lagen schon am Wasserrand, wo kleine Kanäle gebuddelt waren.

Am frühen Nachmittag verließen die ersten Biber ihre Burg. Sie schwammen ans Ufer und watschelten an Land. Wir blieben ihnen dicht auf den Fersen. Im Verlauf von wenigen Tagen filmten wir dann alles, was die Biber beim Bäumefällen, beim Abschneiden der Äste, beim Transport der Zweige und beim Sammeln unternahmen und wie sie Wintervorräte sammelten. Dazu rammten sie Zweige mit schmackhafter Rinde unter Wasser in den Seegrund. Im Winter brauchten sie dann nur zu tauchen, sich einen knackigen Ast zu holen und zu futtern.

Wir wollten natürlich auch gern sehen, wie sie ihre Dämme bauen. Also brachen wir mit viel Mühe einen meterdicken Durchlaß in ihren obersten Damm. Schwerarbeit, denn die Biber sind kräftige Baumeister. Mehr Wasser als von den Bibern errechnet, rauschte durch die Lücke in den unteren See. Zwei Stunden mußten wir warten - dann merkten die Biber im unteren See, daß ihre Wohnung vom Wassereinbruch bedroht war.

Wir hatten uns zwanzig Meter weiter mit der Kamera im Dickicht getarnt. Die Aufmerksamkeit der Biber war allein auf die Bruchstelle im Damm gerichtet. Sie waren so beschäftigt, daß sie gar nicht merkten, wie wir unser Versteck verließen und uns auf Schrittweite heranpirschten. Sie rammten weiterhin ihre Stämme in die entstandene Lücke, schnitten in Maßarbeit kleine Ästchen zurecht, mit denen kleinere Zwischenräume verstopft wurden, und holten schließlich mit ihren Händen Schlamm vom Grund herauf und dichteten die restlichen kleinen Löcher zu. Nicht mal zwei Stunden dauerte es, und unser Zerstörungswerk war wieder repariert.

Zu den Bären am McNeal

Ich war vom Fish and Wildlife Service in Anchorage zum Besuch des Schutzgebietes dort eingeladen worden. Georg Theilacker und ich beschlossen also, uns für einige Wochen zu trennen. Er wollte in Kanada bleiben und weiterarbeiten. Ich wollte zum McNeal River, um dort die lachsfischenden Bären zu filmen.

Ich brauchte einen neuen Partner. Allein kann man die schweren Geräte einfach nicht schleppen. Außerdem brauchte ich eine neue Maschine. Charly blieb bei Theilacker. Dick Zinsmann, ein Angestellter des Veterinärinstitutes von Alaska war für mich der richtige Mann. Er war 32 Jahre alt, ein Bär von einem Mann. Er freute sich, mich kennenzulernen, denn er hatte einige meiner Filme gesehen. Und er kannte den McNeal River. Das kam mir zugute. Dick besorgte ganz schnell ein Flugzeug samt Pilot. Diesmal war es eine "Grouse", ein Flugboot, das mit seinem dicken Bauch auf

Wasser landen konnte. Der Pilot hieß Frank Norman.

Am frühen Morgen beluden wir die Grouse mit unserer zehn Zentner schweren Ausrüstung. Die Maschine hob vom Wasser ab - und schon flogen wir wieder über Fjorde, Wälder, Seen und Gletscher.

Als wir in der Bucht des McNeal zur Wasserung ansetzten, hätte es beinahe ein Unglück gegeben. Das Flugboot setzte mit Karacho auf und fuhr zu schnell dem Ufer entgegen. Es rammte seinen Bauch in den kiesigen Untergrund.

Jetzt hieß es schnell sein: In Windeseile entluden wir das Flugzeug, warfen die Geräte einfach in den Sand und stemmten die schwere Maschine zu zweit aus dem Untergrund. Eine Schinderei, denn sie saß ziemlich fest. Stück für Stück schafften wir sie frei - und schließlich entschwand Norman unserer Blicken.

Wir sammelten unsere Habseligkeiten auf - da schlug uns jemand mit aller Kraft auf die Schultern. Erschreckt fuhren wir beide herum. Es waren zwei nette Herren, Bärenexperten, die uns der Fish and Wildlife Service geschickt hatte. Sie halfen uns beim Schleppen des Gepäcks. Zwei Kilometer waren es bis zu ihrem Standlager. Zwei lange, anstrengende, nicht endenwollende Kilometer. Mit zehn Zentnern Gepäck - für vier Mann.

Das Standlager, endlich erreicht, war geschickt angelegt. Hier dehnte sich der Fluß in ein weites Mündungsdelta. Wir lagerten auf einer erhöhten Uferbank, von wo aus alles wunderbar zu überblicken war. In schäumenden Strudeln stürzten die Wassermassen über senkrechte Felsterrassen. Immer wieder flache Kiesbänke dazwischen. Und auf ihnen - wir sahen es beim ersten Rundblick - Bären. Ein erregender Anblick für mich. Doch um näher heranzugehen, war es schon zu dunkel. Außerdem taten mir alle Knochen weh. Für heute hatte ich einfach genug.

Am nächsten Morgen machten wir uns sehr früh an die Arbeit. Zu viert durchquerten wir den McNeal. Das war nicht so einfach. Obwohl uns das Wasser nur bis zu den Knien reichte, war die Strömung so stark, daß sie uns weggerissen hätte, hätten wir uns nicht alle vier untergehakt.

Drüben angekommen, wollten wir

Der McNeal River auf der Alaskahalbinsel ist durch sein besonders starkes Braunbärenvorkommen weltberühmt. Man erreicht ihn von Anchorage mit einem gecharterten Wasserflugzeug. Aber in diesem Bären Sanctuary herrschen strenge Vorschriften. Nur wenige Menschen dürfen für wenige Tage in dieser menschenfernen Wildnis ihr Zeltlager aufschlagen, um die Bären bei der Lachsjagd zu beobachten.

Der Vielfraß ähnelt einem kleinen Bären, er gehört aber zu den Mardern. Der Name bezeichnet nicht seinen besonders großen Appetit, er stammt vom altnordischen Fjellfraß (Felsenkatze). Seine Verbreitung erstreckt sich von Nordeuropa über Nordasien und große Teile von Nordamerika.

Nie sah ich, daß einjährige Bären den Lachsfang beherrschten. Aber die Bärenmutter hat bei dem riesigen Nahrungsangebot an Lachsen keine Mühe, die Jungen satt zu machen. Auch diese beiden werden nicht lange auf ihre Mahlzeit warten.

Wenn im Sommer die Lachse die klaren Flüsse hinaufziehen, um zu ihren Laichplätzen zu gelangen, leben die Braunbären Alaskas wie im Schlaraffenland.

Während die Schreikraniche im Wood Buffalo Park der North West Territories von Kanada zu den existenzbedrohtesten Vögeln gehören, sind die Kanadakraniche in den Prärien und Bruchlandschaften Nordamerikas noch recht häufig. Ihr Verbreitungsgebiet erstreckt sich bis in die Tundra.

Wölfe sind selbst in entlegener Wildnis scheu geworden. Sie beziehen als Kinderstuben Felshöhlen oder Erdbaue, die sie für die Geburten der Welpen oft weiter ausbauen.

Der Wolf wurde nicht nur in Märchen, Fabeln und Legenden zum Feind des Menschen erklärt. Wo sich Menschen in der Wildnis mit Viehherden niederließen, wurden Kopfprämien für erlegte oder in Tellereisen gefangene Wölfe gezahlt. Da es bei den hochintelligenten Tieren oft nicht möglich war, ihre Zahl mit herkömmlichen Mitteln zu reduzieren, griff der Mensch sogar zum Gift - die wohl erbärmlichste Maßnahme einer Auseinandersetzung mit Wildtieren.

uns trennen. Die beiden Experten hatten uns eine Stelle am McNeal genannt, wo sich viele Bären sammelten. Ein Engpaß, durch den die Lachse schwammen oder auch durch die Luft sprangen. Außerdem gaben sie uns noch einen guten Rat. "Singt laut, wenn ihr aufbaut, das wird euch schützen."

Die braunen Kerle, die Bären, pflegen nämlich nach getaner Arbeit, also wenn sie vollgefressen sind, einen Verdauungsschlaf im Gebüsch nahe der Futterstelle zu halten. Hätten sie da unsere Witterung aufgenommen - uns wäre es nicht besser ergangen als den Lachsen! Wir sangen also, während wir unser Gepäck auf einen etwa fünf Meter hohen Felsenbalkon über dem Wasser schleppten und aufbauten. Der gute alte Westerwald kam wieder mal zum Zug.

Unser Standort war einfach ideal. Was für ein Panorama allein beim Rundblick: kilometerweit reichte der Fluß auf- und abwärts. Im Hintergrund schneebedeckte Berge, auf der einen Seite dunkler Wald, auf der anderen die Tundra. Vor uns der sprudelnde Fluß, kochend vor Leben: Mengen, ja Massen rosaroter Lachse wanderten, schwammen, sprangen übereinander und über Felsbrocken zu ihren Laichplätzen. Dorthin, wo sie selbst geboren worden waren. Dahin, wo sie ihren Laich ablegen und dann vor Erschöpfung sterben würden.

Diese Lachse nun sind die absolute Leibspeise der Bären. Meine kühnsten Erwartungen in bezug auf das Filmen wurden weit überboten. Direkt vor uns war eine "Hauptfischfangstelle" der Bären. Elf Stück standen unter uns, ohne uns auch nur wahrzunehmen, und fischten. Angespannt stemmten sie ihre klotzigen Beine ins Wasser und warteten, bis ein dicker Fisch vorbeikam. Blitzschnell bissen sie mit der Schnauze zu. Erst dann setzten sie die Tatzen ein: sie stellten sie nämlich sofort auf den Fisch, damit dieser nicht wieder entfleuchen konnte.

Natürlich gelangen nicht alle Fangversuche. Aber sie haben ja Zeit. Die Beute ist unerschöpflich. Bis zum Ende der Laichzeit der Fische sind alle die Bären am Ufer des McNeal so fett, daß sie den langen Winterschlaf, den sie halten, leicht überstehen.

In dieser nordamerikanischen Wildnis, in der ich mich aufhielt, gab es noch viele Bären, braune, schwarze, weiße, gelbe - und sogar welche, die bläulich schimmern. Trotz der verschieden gefärbten Felle gibt es nur drei Arten: die Schwarzbären, die Braunbären und die Eisbären. Wobei der Name nicht unbedingt etwas mit der Farbe des Fells zu tun haben muß. Es gibt hier Schwarzbären mit blonden Haaren und Eisbären, die bläulich schimmern, wenn sie über die Gletscher wandern. Auch der Grizzly ist ein Braunbär, obwohl er meistens grau aussieht. Der gewaltige Kodiak, der 1000 Kilo schwer und dreieinhalb Meter hoch wird, ist ein Braunbär.

An keiner anderen Stelle auf der Erde gibt es mehr Bären zu sehen, als am McNeal River. Wegen der Lachse natürlich. Wir haben wundervolle Fotos bekommen: einmal kam eine Bärenmutter mit ihren zwei Jungen direkt vor unser Lager. Zum Glück standen wir über dem Wind, so daß uns die Tiere nicht wittern konnten. Während die Kleinen am Ufer zurückblieben, sprang die Mutter ins Wasser und schleppte auch sofort einen meterlangen Lachs heran. Gleich stürzten sich die beiden Bärchen auf die Nahrung und stritten sich darum. Erst zogen sie den Fisch hin und her, dann ließen sie ihn erst mal fallen, stellten sich auf ihre Hinterbeine und hauten sich links und rechts die Ohrfeigen rein, daß es nur so patschte. So lange, bis die Mutter mit einem zweiten Fisch ankam und ihn zwischen die Kämpfenden warf. Da war Ruhe. Jedes Bärchen nahm seinen Fisch und schmatzte friedlich.

Die Kameras liefen und liefen. Eine Szene war interessanter als die andere. Da gab es Bären, die von den Lachsen überhaupt nur noch den Kaviar fraßen und den Rest für die Möwen und den Weißkopfseeadler liegen ließen.

Drei Tage filmten wir wie besessen. Dann erlebte ich noch eine besondere Überraschung: wie aus Stein gemeißelt, stand plötzlich eine zerrupfte hellgraue Wölfin im Wasser. Reglos starrte sie auf die Lachse. Wölfe gehören zu den scheuesten Geschöpfen der Wildnis. Ihr Gehör- und Geruchssinn ist so gut entwickelt, daß sie Menschen meilenweit vorher riechen können. Aber wir standen ja über ihrem Geruchsfeld.

Dreimal schnappte sie vergeblich, dann hatte sie Glück. Ein riesengroßer Lachs zappelte in ihrem Maul. Und wie der Blitz war sie im dichten Unterholz des Ufers verschwunden.

Von den Rocky Mountains zum Großen Sklavensee

Zum Eindrucksvollsten, was wir in den Rocky Mountains filmten, gehören die Bergschafe, die "Bighorns". Auch sie wurden durch weiße Jäger von einer einstmals unschätzbar hohen Anzahl auf etwa 20 000 dezimiert. Die Bighorns, so genannt wegen ihrer riesigen Hörner, die - entlang der Außenseite gemessen - bis zu 70 Zentimeter lang werden können, während der Umfang an der Wurzel 40 Zentimeter beträgt, diese Bighorns also leben im Felsengebirge, während ihre weißen Verwandten, die "Weißen Bergschafe", nur weiter nördlich anzutreffen sind.

Die Jahreszeit war für uns günstig. Die Gipfel und Hochflächen, auf denen sie sonst weideten, lagen noch unter tiefem Schnee. Es gab also die Möglichkeit, sie weiter unten in den Rockys anzutreffen und zu filmen.

Mit Georg Theilacker bezog ich wieder mal ein kleines einsames Blockhaus inmitten dieser gigantischen romantischen Berge. Wir sahen Elche vorbeimarschieren, entdeckten die großen Kanadagänse beim Nestbau und beobachteten die erstaunlichen Kragenhühner, kleine Waldhühner, die mit den Flügeln Musik erzeugen können. Dabei setzt sich der Hahn auf einen Baumstumpf, entfaltet seine Flügel und flattert so kräftig, daß ein Summen entsteht, das für seine Henne die schönste Balz-Musik ist.

Nicht lange, und wir begegneten den Bergschafen. Ein Rudel von etwa 50 Tieren, überwiegend weibliche Bighorns, begleitet von den Lämmern des vorigen Wurfs und jüngeren männlichen Widdern, ästen friedlich am Hang. Gut getarnt durch die dichte Buschvegetation filmten wir, was hier an Leben zu beobachten war: wie sie sich in der Sonne aalten, wie die Lämmer ihre Mütter energisch aufforderten, ihnen endlich die Milchbar zu öffnen. Sanftmütig sind diese Schafe nicht, nicht mal als Kleinkinder: sie schlagen heftig und unwirsch mit den

Das Brunftverhalten der Bergschafe ist ungewöhnlich. Die Größe des Gehörns ist ein wesentlicher Faktor bei der Bestimmung der Rangordnung. Die starken Widder kämpfen ausschließlich mit gleichstarken Männern. Ist ein Gegner nach stundenlagem Kampf besiegt, geschieht etwas Erstaunliches. Der Unterlegene benimmt sich jetzt wie ein Weibchen und wird vom Sieger entsprechend behandelt. Dieses homosexuelle Verhalten hat den Vorteil, daß starke und schwache Widder ohne Gefahr im Rudelverband zusammenleben können.

Foto links
Die Dickhornschafe, die "Bighorns", waren einst von den Rocky Mountains, dem Felsengebirge, bis zu den Hochgebirgen von Mexiko weit verbreitet. In den letzten Jahrzehnten wurde ihre Zahl in dem weiten Verbreitungsgebiet so stark vermindert, daß nun strenge Jagdgesetze und ausgedehnte Reservate das Überleben ermöglichen.

Erdhörnchen verschlafen die eisige Winterkälte in selbstgegrabenen Erdbauten. Vor allem das Auftreten der Lemminge bestimmt das Vorkommen und Nisten von Schneeule, Rauhfußbussard, Gerfalke und Raubmöwe, die sich zum größten Teil von den kleinen Nagern ernähren. Gibt es viele Beutetiere, so legen zum Beispiel die Schneeulen an die 10 Eier. Gibt es wenig Nagetiere, so legen sie nur drei bis vier Eier. In besonders schlechten Erdhörnchen-und Lemmingjahren brüten die Schneeulen überhaupt nicht - eine geniale Geburtenkontrolle der Natur.

Foto Seite 96
Der Elch ist der größte aller Hirsche. Das pferdegroße, vor allem Auwälder bewohnende Tier wiegt an die 400 kg. Seine weitspreizigen Zehen ermöglichen es ihm, in Sumpf und Moor zu leben. Mit drei Jahren wird das Geweih der Elche schaufelförmig. Mit acht Jahren erreicht es seine stärkste Ausbildung und kann dann ein Gewicht von 20 kg erreichen.

Schneeziegen leben in den Felsengebirgen Nordamerikas und sind mit unseren Gemsen verwandt. Wer dieses attraktive Hochgebirgswild in den Rocky Mountains erleben will, hat es nicht schwer, sie zu sehen. Die Standorte sind bekannt, und die Tiere sind territorial, sie leben also in einem bestimmten Felsengebiet, das einem durch die Nationalparkverwaltung bekanntgegeben wird.

95

Hufen oder mit den sich bildenden kleinen Hörnern nach dem Bauch der Mutter. Das fordert sie auf, stillzuhalten. Das fördert jedoch auch den Milchfluß.

Die kleinen Widder erprobten ihre Kräfte. Sie schlugen spielerisch ihre Hörnchen aneinander. Später werden durch diese "Kopfgefechte" die Rangordnung im Rudel und das Zusammenleben während der Brunft festgelegt. Die Größe des Gehörns bei den Widdern bestimmt die Rangordnung.

Georg Theilacker und ich hatten uns wieder getrennt. Er bereitete mit Al Oehming die Expedition in die Arktis vor, ich flog weiter nach Norden, zu den Büffeln im Gebiet am Großen Sklavensee. Dieses riesige Schutzgebiet, rund 45 000 Quadratkilometer groß, wird nur von Tieren bewohnt. Nicht mal eine Straße führt durch. Hier leben heute wieder etwa 30 000 Bisons, jene Wildbüffel, die mit den Indianern fast ausgerottet wurden.

Diesmal flog ich allein nach Fort Smith, einer kleinen Siedlung am Peace River. Ich war Gast beim Canadian Wildlife Service. Unter Führung der Ranger dort konnte ich eindrucksvolle Filmaufnahmen der Büffel machen.

In so einem riesigen einsamen Wildreservat leben natürlich auch noch andere seltene Tierarten. Und wenn man mir schon mal die Möglichkeit bot, hier zu filmen, dann nahm ich mit, was möglich war.

Beeindruckend fand ich vor allem die Schreikraniche, eine sehr seltene Tierart. Sie gehören zu den schönsten Großvögeln unserer Erde. Es gibt davon kaum noch 50 Stück. Und dieser unbewohnte Buffalo-Park ist ihr einziges Brutgebiet. Deshalb darf niemand dieses Gebiet betreten oder dort mit einem Flugzeug landen. Ich erhielt eine Ausnahmegenehmigung.

Ich sollte mit einem Helikopter hingebracht werden. Um neun Uhr am Morgen flogen wir ab, Billy McCann, der Pilot, und ich mit meiner Ausrüstung. Wir überflogen eine Büffelherde von etwa 300 Stück. Als sie den Lärm unserer Rotoren hörten, donnerten sie davon. Nach zwei Stunden Flug lichteten sich die Wälder, ausgedehnte Sümpfe breiteten sich unter uns aus. "Mach dich fertig", rief der Pilot. Ich richtete meine Filmkamera her, legte mir eine Reservekassette in den Schoß und betete, daß alles gut gehen möge

und die scheuen Vögel beim Lärm des Hubschraubers nicht gleich abziehen würden.

Doch ich hatte Glück. Auf einer kleinen Landzunge standen zwei weißschimmernde Kraniche. Der eine auf einem Nest, das konnte man sehen. Der andere als Wache daneben.

Wir schwebten niedriger - und, oh Wunder, die Vögel blieben, wo sie waren. Der Pilot, ein eingefuchster Buschflieger, flog so geschickt schräg am Nest vorbei und zog am Himmel Kreise, daß die Vögel annehmen konnten, wir wären fremde Vögel, die mit erheblichem Lärm ihre Runden drehen.

Sie richteten sich beide auf, reckten ihre Schnäbel drohend gen Himmel - also auf uns -, als wollten sie diesen Raubvogel von den beiden weißen Eiern, die nun klar zu sehen waren, ablenken. Und dazu trompeteten sie ihre wundervollen Rufe in die Landschaft. Ich konnte sie trotz des Motorenlärms hören.

Nun mußten wir abdrehen, um sie auf keinen Fall bei ihrem Brutgeschäft zu stören. Im Abfliegen sah ich noch, wie das Weibchen sich wieder beruhigt auf die Eier setzte und das Männchen seinen Wachposten bezog.

Ganz bestimmt haben nur sehr wenige Menschen gesehen, was ich hier erlebte. Ich war glücklich, diese herrlichen Vögel für meinen Film festgehalten zu haben. Viele Millionen Menschen sollten sehen, was für herrliche Geschöpfe auf unserer Erde leben.

Der Bison, das Wildrind Nordamerikas, zog einst in riesigen Herden durch die Prärien von Kanada bis Mexiko. Die Indianer bejagten den Bison wegen seines Fleisches und Felles und verehrten ihn in ihrer Mythologie. Die weißen Eroberer des Landes vernichteten dann beinahe den ganzen Bestand, an die 60 Millionen! Ende des 19.Jahrhunderts ist es durch Schutzmaßnahmen gelungen, die gerade noch verbliebenen tausend Tiere so zu schützen, daß sich heute in passenden Landschaftsbereichen die Indianerbüffel der Prärie und die kleineren Waldbüffel des Wood Buffalo Parks in den North West Territories von Kanada der Nachwelt erhalten lassen.

An der Küste des Eismeeres

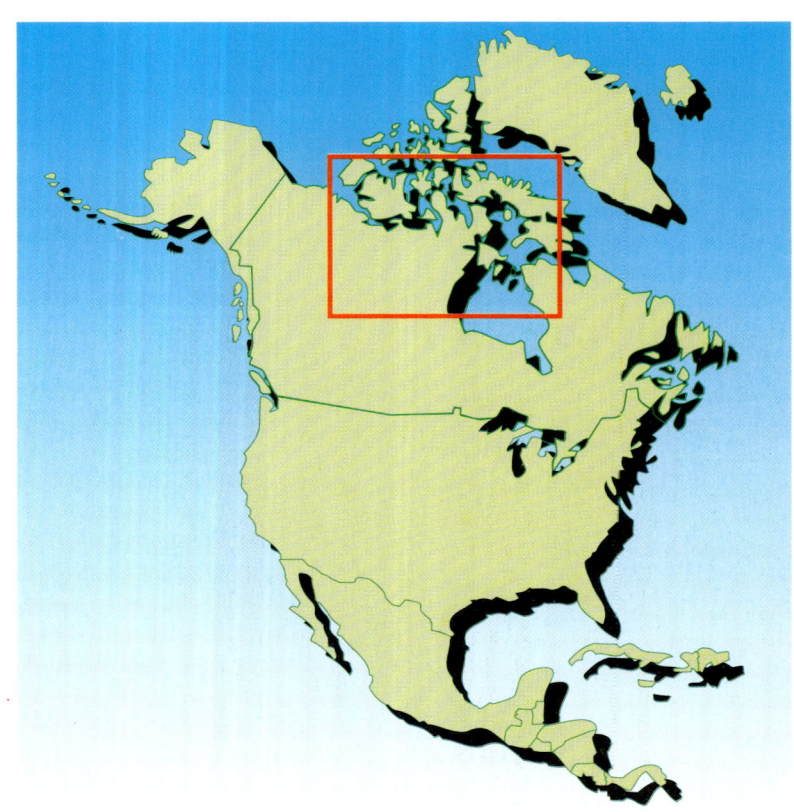

Vorstoß in die Tundra

Viele von Ihnen glauben sicher, daß die gesamte Arktis nördlich des Polarkreises nur aus ewigem Eis besteht. O nein! In Wirklichkeit gibt es sehr verschiedene Klimazonen: Die eigentliche Polarwelt mit ewigem Eis, aber auch Regionen der arktischen Steppe, die Tundra. Ihre Ausdehnung beträgt etwa ein Zwanzigstel der gesamten Erdoberflä-

che. Auch der Boden der Tundra ist in seinen Tiefen ständig gefroren. Doch im Sommer taut die Oberfläche auf und die Erde bedeckt sich mit einem blühenden Mantel aus Gras und Blumen.

Keine andere Gegend der Welt kennt so starke Kontraste des Klimas. Die Tundra ist im Winter kälter als der Nordpol. Minus 65 Grad hat man gemessen. Doch im Frühling und im Sommer heizt sie sich auf zwanzig, manchmal dreißig Grad auf. Läge nicht ewiger Frost unter der aufgetauten Oberfläche - die Tundra wäre eine staubtrockene Wüste.

Im Juni starteten wir von Edmonton, Kanada, aus nach Uranium City, einer kleinen betriebsamen Bergwerks-Siedlung an der nördlichen Waldgrenze, wo schon die Tundra beginnt. Diesmal hatten wir wieder unseren unvergleichlichen Kunstflieger Charly Fix als Piloten, Al Oehming flog mit und natürlich Georg Theilacker. Dazu belastete eine Menge Ausrüstung die Cessna 185. Lange folgten wir dem Fluß Athabaska, flogen über endlose Wälder und Seen. Gleißendes Sonnenlicht wechselte mit Hagelschauern, Windböen und Schneestürmen. Dichte Wolkenbänke versperrten oft die Sicht auf die Umgebung. Ein ganz normaler Flug in den Weiten der Arktis.

Ich wollte nach Bakers Lake, einer Siedlung, die etwa 100 Eskimos beherbergt und 50 weiße Kanadier für die Verwaltungsarbeiten. Die Schneeschmelze hatte begonnen. Wir flogen nach Norden, immer weiter und weiter. Es nahm kein Ende. Endlich ein paar Baracken auf dem Eis: Wir bekamen Landeerlaubnis.

Hier war wirklich noch Winter. Über uns zogen Schneegänse keilförmig zu ihren Brutplätzen. Wir hörten die Balzrufe der Schneehühner. Der Abend verging mit Gesprächen, wie und wo wir am besten die Karibu-Hirsche treffen konnten, die ich filmen wollte. Diese nordischen Hirsche, nahe verwandt mit den Rentieren in Lappland, ziehen in riesigen Herden weiter nach Norden. Weil die Karibu-Kühe hier in der Sommerzeit ihre Jungen setzen, leben Wissenschaftler hier und markieren die Kleinen an den Ohren, um - wie bei den Zugvögeln - wichtige Erkenntnisse über Wanderwege, zurückgelegte Entfernungen und Alter zu bekommen.

Im Juli ist der Boden um wenige Zentimeter aufgetaut. Es gibt jetzt eine reiche Palette von Blütenpflanzen. Besonders eindrucksvoll sind die gelben Blüten des arktischen Mohns.

Die Schneegans brütet mit Ausnahme von Europa im gesamten Polargebiet. In der Tundra von Kanada filmte ich eine Schneegans, die mit einer Blaugans verheiratet war. Offenbar handelt es sich bei der Blaugans um eine Farbvariante der Schneegans.

An einem klaren Junitag starteten wir mit Charly Fix zum Erkundungsflug. Nach drei Stunden landeten wir auf dem Eis eines zugefrorenen Sees. Überall Fährten der "Polarhirsche". Wir schlugen unser Zelt auf einer kleinen Insel auf. Schon drei Stunden später zogen die ersten Karibu-Herden an uns vorbei. Nur weibliche Tiere mit ihren Jungen. Die männlichen Tiere würden erst später erscheinen. Deutlich hörten wir das Knacken der Gelenke, wenn die Tiere die Läufe spreizten, um nicht auf dem glatten Eis auszurutschen.

Am nächsten Morgen waren wir schon um sechs Uhr früh in der Luft. Charly zeigte zum Horizont. Da bot sich uns eines der grandiosesten Schauspiele, die ich bisher in der Natur gesehen hatte: Bestimmt 5000 Karibus auf den Läufen. Wir landeten, und Georg Theilacker und ich schlichen uns mit den Kameras bis auf nahe Distanz an die ersten Tiere heran. Drei Stunden filmten wir, was das Zeug hielt. Dann wieder in die Luft. Soweit das Auge reichte, war die Tundra mit Tieren übersät. Wir flogen ihnen voraus, um ihre Ankunft auch noch auf den Film zu kriegen. Hoch im Norden, hinter Geröllhaufen, lagen wir dann auf der Lauer. Und langsam kamen sie näher. Über diesen gigantischen Bildern ver-

gaßen wir die Zeit. Als wir zum Flugzeug zurückkamen, war es mit seinen Ski-Kufen fast auf dem See festgefroren.

Arktischer Frühling

Wir waren weitergezogen. Erst mit dem Flugzeug, dann mit dem Hundeschlitten, hinauf zur Southampton-Insel, einer großen hügeligen sumpfigen Landmasse am nordöstlichen Ende der tief ins mittlere Kanada eindringenden Hudson-Bucht. Sugliak nennen die Eskimos die Insel. Ich wollte hier Verschiedenes filmen: Das Brutverhalten der Schneegänse und Ringelgänse, der Seetaucher, Raubmöwen und der Sumpfvögel, die hier in großer Anzahl zu finden sind.

Als wir unser Lager am Native Point erreichten und endlich in den Schlafsäcken lagen, da erlebte ich zum erstenmal das melodische Stimmengewirr eines Frühlings in der Tundra. Um drei Uhr früh stieg ich "aus den Federn" - vor dem Zelt schien taghell die Sonne. Hier wird es drei Monate lang nicht dunkel.

Ich nahm mein Fernglas und schaute mich um. Moosgrün leuchtete die Erde, tiefblau das Wasser am Rand des Horizonts. Ich konnte Pfeifschwäne erkennen, die auf mächtigen Nestern saßen, und hörte die Rufe vieler Gänse und Sumpfvögel. Gleich vor mir an

Foto Seite 98/99
Unsere Eskimofreunde hatten bestens vorgesorgt, als sie bei unserem Vorstoß zu den Brutstätten der arktischen Vögel Boote auf die Schlitten geschnallt hatten. Als plötzlich das Eis brach, konnten wir uns mit Booten und Außenbordmotoren durch die Schollen des Eismeeres zur Siedlung der Eskimos arbeiten.

Grill-Lummen sind weit verbreitete und häufige Brutvögel im arktischen Bereich.

einem Teich traf ich ein kleines Thors-
hühnchen an. Das sind Watvögel, die
sich mit ihren paddelnden Füßchen
hurtig auf der Wasseroberfläche drehen. So strudeln sie Insektenlarven
hoch, von denen sie sich ernähren. Ich
sah die bunten Steinwälzer, die so heißen, weil sie mit ihren Schnäbeln Steine umdrehen, um zu fressen, was sich
darunter versteckt. Immer neue Vogelarten konnte ich entdecken. Also
lief ich zurück zum Lager, um meine
Ausrüstung zu holen.

Weil es in der Arktis keine passende
Vegetation gibt, die man als Tarnung
nehmen könnte, hatte ich mir - wie
einst auf meinen Haffwiesen - kleine
Rundzelte in Form eines Bienenkorbs
mitgenommen, in denen ich gerade
mit der Kamera Platz hatte. Tag für
Tag schoben wir die Tarnzelte näher
an die Nester heran und gewöhnten die
Brutpaare so an die fremde, aber sichtlich doch harmlose Erscheinung.

Viele der Tundravögel zeigten sich
ohnehin überraschend vertraut. Das
Eisentenweibchen blieb auf seinen Eiern sitzen. Strandläufer und Wasser-
treter flogen auch nicht gleich davon,
sondern spielten "verletzt", womit sie
Feinde, wie den Fuchs, vom Nest ablenken. Besonders eindrucksvoll erschienen mir die Seetaucher. Ihre Stimmen schallen kilometerweit: Klagend,
trompetend oder hübsch tremolierend.
Im Wasser sausen sie pfeilgeschwind
davon, und es ist erstaunlich anzusehen, wie sie das tun: Ihre mit breiten
Schwimmlappen versehenen Füße arbeiten wie zwei Propeller. Schwupp-
diwupp sind sie getaucht - genauso
rasch schnellen sie wieder aus dem
Wasser empor.

Eines Tages mischte sich in das
Konzert der Vogelstimmen ein anderer Ton: Erst leises Summen, dann
bedrohliches Sausen. Das war kein
herannahender Sturm: So kündet sich
die Geburtsstunde unzähliger Mücken
an. Sie erfüllten plötzlich die Luft.
Tanzende Wolken bedeckten jeden
freien Zentimeter der Haut. Sie stachen, saugten, kribbelten überall. Zum
Glück waren wir mit Salben und Ölen
darauf vorbereitet.

Wenn es Frühling wird, verlassen die meisten Eskimos ihre
Dörfer mit den engen Häusern und leben dann drei Monate
lang in den lichten Zelten der Jagdlager. Es ist nun
Mitternachtssonnenzeit mit 24 Stunden Licht und
Sonnenschein. Jeder genießt diese angenehmste Jahreszeit
mit Geselligkeit und reicher Verpflegung.

Karibus, die nordamerikanischen Verwandten der nordeuropäischen Rentiere, unternehmen in jedem Jahr eine für Säugetiere einmalige Wanderung.
Wenn es Frühling wird, ziehen sie tausend Kilometer durch die Tundra, wo ihre Kälber zur Welt kommen.
Vor Beginn des Winters wandern sie wieder zurück in den Schutz der nördlichen Ausläufer der Wälder.

Foto rechts oben
Nach dem See-Elefanten ist das Walroß die größte Robbenart. Die Bullen erreichen eine Körperlänge von fast 4 Metern und ein Gewicht von 1500 kg. Walrosse sind an Land schwer "zu Fuß". Mit den Elfenbein-Stoßzähnen regeln sie die Rangordnung auf den Sonnenterrassen der Strände und streiten sich um die besten Liegeplätze.

Im arktischen Sommer werden die Töpfe gefüllt mit dem Fleisch von Karibus, Seehunden und Walen. Während die Männer jetzt meistens zur Jagd unterwegs sind, betreiben die Frauen Vorratswirtschaft. Sie zerschneiden das Fleisch und trocknen es in der warmen Sonne.

Bei Polarbären und Walrossen

Das Eskimoschiff, mit dem wir im Juli den Hafen von Coral Harbour, der Eskimosiedlung auf Sugliak, verließen, sollte uns in die Mündung des Boas River, 300 Kilometer weit entfernt, bringen. Das Schiff tuckerte mit acht Seemeilen dahin.

Gleich am ersten Tag zeigte mir der Kapitän weit vorne ein paar weiße Flecken und rief: "Beluga, Beluga!" Ich brauchte ein Fernglas, um zu erkennen, was er da sah: Die weißen Wale der Arktis. Fünf bis sechs Meter lange Weißwale, die den Eskimos lange Zeit als Nahrung gedient hatten.

Um vier Uhr früh rüttelte mich unser Eskimoführer aus der Koje. "Nanuk, Nanuk!" Eisbären. Tatsächlich sah ich durchs Fernglas, was er mit bloßen Augen gesehen hatte: Weit in der Ferne wanderte eine Eisbärmutter mit zwei Jungen den steinigen Meeresstrand entlang. Sie sind rastlose Nomaden und leider sehr selten geworden, seit der Mensch ihnen mit dem Zielfernrohr aufs begehrte Fell rücken kann. Man mußte damals lange suchen, bis man den "Nanuk" vor die Kamera bekam. Das war also meine große Chance.

Wir landeten mit einem kleinen Beiboot auf dem Strand. In gebückter Haltung folgten wir der Eisbärenmutter. Nach zwei Stunden schmerzte meine Schulter höllisch. Und endlich, endlich legte sie sich nieder und ließ die Jungen ausgiebig säugen. Ich schlich mich bis auf 50 Schritt heran. Erstaunlicherweise fühlte sich die Bärin durch mein Näherkommen überhaupt nicht gestört. Bildfüllend groß konnte ich sie aufnehmen, herrliche Szenen entstanden: Wie die Jungen miteinander rauften, wie sie sich Ohrfeigen verpaßten, auf den Rücken der lang ausgestreckten Mutter kletterten. Wie sie auf dem Hang "Schlitten" fuhren und wieder hochkletterten. Wie sie schließlich müde, eng an die Mutter gekuschelt, einschliefen.

Nach etwa drei Stunden kam die Bärin mit ihre Jungen auf mich zu, um zu sehen, was da dauernd surrte und blinkte. Ich machte mich schleunigst auf die Socken, doch sie war schneller. Meine beiden Begleiter retteten mich schließlich vor den riesigen Tatzen:

Rechts und links von mir schrien sie laut und sprangen dabei in die Höhe wie Hampelmänner. Das lenkte die Bärin ab, und ich rannte in Sicherheit. In größerer Entfernung hüpften wir dann alle drei herum. Wir machten auf "Imponiergehabe", das einen größer und mächtiger erscheinen läßt, als man ist. Es zeigte auch hier Wirkung. Die Bärin drehte ab und platschte mit ihren Kindern ins Wasser.

Wir setzten unsere Fahrt fort - durch Sturm und Nebel. Am ditten Tag bot sich uns eine gigantische Szenerie: Bestimmt 200 Walrosse lagerten in einer Meeresbucht, Tier an Tier. Die Luft war erfüllt von den lauten Rufen der Giganten. Wir schlichen uns an, ohne Gefahr zu laufen, gehört zu werden. Walrosse hören nicht gut. Sie machen selbst so einen Lärm, daß man ganz normal laut reden kann. Von einer Felsterrasse aus filmten wir die kapitalen Bullen mit den riesigen Stoßzähnen, die kleineren Weibchen und die ganz kleinen Kälber. Ich wollte unbedingt näher heran, um das Kommen und Gehen auf den Film zu bekommen. Walrösser sind nach den Seelefanten die größte Robbenart der Erde. Die Bullen werden bis zu dreieinhalb Meter groß und etwa eineinhalb Tonnen schwer. Leider ist der Bestand heute stark zurückgegangen, und nur strengste Schutzmaßnahmen sichern ihnen das Überleben.

Mir war es inzwischen gelungen, einen Bullen aus nächster Nähe beim Landgang zu beobachten. Schwerfällig wuchtete er sich an Land. Um seinen tonnenschweren Körper über die Uferfelsen zu bewegen, nahm er die Stoßzähne zu Hilfe: Er hakte sie regelrecht ins Gestein und zog den Riesenleib etagenweise nach oben. Schwächere Tiere machten ihm sofort Platz. Größere mußte er erst unnachsichtig mit den Stoßzähnen überzeugen, wer der Herr in diesem Harem war. Viele der Bullen hatten tiefe breite Narben - Zeichen heftiger Kämpfe in der Brunftzeit.

Da kam auch noch eine Walroß-Mutter mit ihrem Kälbchen an Land. Zart und schonend schob sie das Kleine voran. So ein Walroß-Baby lebt zwei Jahre lang von der Milch der Mutter. Erst dann kann es selbständig tauchen und sich Futter in den Muschelbänken des Meeres suchen.

Die kleinen Eisbären kommen in der lichtlosen Zeit der Arktis, zwischen November und Januar, zur Welt. Bei der Geburt sind sie nackt und blind und wiegen nur knapp zwei Pfund - aber sie wachsen schnell heran.

Wenn im Juni/Juli das Eismeer geöffnet ist, können die jungen Eisbären ihrer Mutter bereits auf Jagdausflüge folgen. Eisbären schwimmen nur mit den Vorderfüßen. Wenn die Kinder müde werden, dann klettern sie auf die ausgestreckten Hinterbeine der Mutter und lassen sich wie auf einem Floß tragen.

Die arktische Seeschwalbe vollführt die erstaunlichste Wanderung unter den Zugvögeln. Vor Beginn des arktischen Winters zieht sie den nahrungsreichen Küsten folgend bis zur Antarktis, und dann zieht sie bald gen Norden, um rechtzeitig zum Beginn der Fortpflanzungszeit wieder in ihrem arktischen Brutrevier einzutreffen. Wie die meisten Vögel der Arktis ist sie dem Menschen gegenüber paradiesisch vertraut.

Die Schmarotzerraubmöve lebt von Eiern und Küken der vielen Brutvögel der Tundra. Sie ist so vertraut, daß ich eines der gerade geschlüpften Küken in die Hand nehmen kann, ohne daß sie Widerstand leistet.

Rund um das Polarmeer haben sich alle Länder - USA, Kanada, Rußland und Dänemark - für Grönland bereiterklärt, alles daranzusetzen, daß Polarbären in ihrer Existenz nicht weiter bedroht werden. Und das hat dazu geführt, daß sich die herrlichen Tiere wieder sehr erfreulich vermehrt haben. In Kanada zum Beispiel darf pro Jahr wieder eine genau festgelegte Zahl von Eisbären erlegt werden. Nur die Eskimos bekommen eine Abschußgenehmigung. Sie dürfen diese aber an zahlungskräftige Jagdtouristen verkaufen, was der Gemeinschaft viele tausend Dollar Profit bringt.

Solange die Eskimos nur für ihren persönlichen Bedarf jagten, war die Tierwelt der Arktis nicht in Gefahr. Heute aber, mit schnellen Booten und modernen Waffen, erlegen sie Walrosse, Robben, Polarfüchse zum Gelderwerb für ein bequemeres, komfortables Leben. Die weltweiten Bemühungen der Tierschutzorganisationen haben aber dazu geführt, daß die Eskimos nur noch einen geringen Teil ihrer Felle absetzen können, und so sind sie gezwungen, ihre Lebensweise umzustellen.

Foto Seite 106/107
Kaum ein anderes Tier hat einen so dichten Haarpelz wie der Moschusochse. Die arktischen Schneestürme und Temperaturen bis minus 50 Grad können den Tieren mit ihrem ungewöhnlich langen und dichten Haar nichts anhaben. Moschusochsen, die übrigens keine Rinder, sondern Verwandte von Schafen sind und deshalb auch den Beinamen Schafochsen haben, lebten einst sehr zahlreich nördlich der Wälder in der arktischen Steppe. In manchen Gebieten der Arktis wurden Moschusochsen neu- oder wieder-eingesetzt, so in Spitzbergen, Norwegen und Schweden. Im hohen Norden bringen die Kühe alle zwei Jahre nur ein Kalb zur Welt.

Eskimos heute

Die ursprünglich auf Southampton heimischen Eskimos wurden bei einer Epidemie zu Anfang dieses Jahrhunderts vollständig ausgerottet. Die jetzigen Bewohner, die wir in Coral Harbour trafen, hatten sich hier erst während der letzten fünfzig Jahre niedergelassen. Viele wurden aus der inneren Tundra westlich der Hudson Bay von der kanadischen Regierung planmäßig in Coral Harbour angesie-delt. Jetzt leben sie in einer Gemeinde mit Fertighäusern, einer Schule und einem Krankenhaus.

Wie alle Ureinwohner Nordamerikas entstammen auch die Eskimos der mongolischen Rasse. Die Schlitzaugen beweisen es. Man schätzt, daß sie vor ungefähr 30 000 Jahren herübergewandert sind. Die nur 80 Kilometer breite, von Inseln durchsetzte Beringstraße friert während des langen Winters vollständig zu. Also war es nicht sehr schwierig.

Die Eskimos selbst nennen sich "Inuit" - was soviel heißt ‚wie "Menschen". Das Wort "Eskimo" ist ein indianisches Wort und heißt soviel, wie "Rohfleischesser".

Die Eskimos der heutigen Zeit leben in festen Häusern und kaufen ihre Lebensmittel im Supermarkt. Aber sie fischen und jagen noch immer. Sobald in der Arktis die Schneeschmelze beginnt, verlassen viele ihre Dörfer und leben für drei wundervolle Monate in lichten hellen Zelten im Freien - eine Freude für die Menschen, die lange, lange Winter hindurch in dunklen Häusern wohnen.

Mitternachtssonnenzeit - 24 Stunden hintereinander Licht und Sonnenschein! Jeder genießt diese angenehme Jahreszeit. Die Männer erfüllen sich den Wunsch nach Jagd, die Frauen nutzen die Zeit zum Auffrischen der Supermarkt-Lebensmittel mit selbstgeschossenem Fleisch. Es wird auch wieder Fleisch getrocknet - in dünne Streifen geschnitten, hängt es auf einer Leine in der warmen Frühlingsluft.

Nach drei Monaten geht's dann zurück ins Dorf. Für die Kinder beginnt wieder die Schulzeit. Viele der nachwachsenden Generation besuchen die Universität. Dennoch liebt man die alten Traditionen und tanzt manchmal noch die alten Tänze.

Rettung der Arktis

Ölgewinnung, Erdgasbohrungen und die Suche nach Mineralien haben dazu geführt, daß bereits große Gebiete der Arktis wirtschaftlich ausgebeutet werden.

Manche Inuit sagen: "Was uns früher ernährt hat, wird uns auch künftig ernähren - auch wenn die Minen ausgebeutet sind." Regierung und Eskimos müssen aber zusammenarbeiten, um eine Lösung zu finden, und die besteht sicher darin, rechtzeitig möglichst große Nationalparks und Schutzgebiete in den unerschlossenen und tierreichen Landschaften als natürliches Erbe der Menschheit zu respektieren. Die Ölkatastrophe durch die "Exxon Valdez" in Alaska hat gezeigt, daß endlich bessere Schutz- und Vorsorgemaßnahmen entwickelt werden müssen. Manche Anlagen der Ölgesellschaften liegen mitten im Eismeer, dem Nordpol näher als den Raffinerien von Edmonton. Eine dramatische Ölpest hat es hier bisher nicht gegeben. Sie hätte auch besonders schlimme Auswirkungen, denn hier, in der arktischen Region, dem Lebensraum der Wale, Robben und Seevögel, verlaufen alle Lebensprozesse viel langsamer als im wärmeren Süden. Das Öl würde hier viele Jahre brauchen, um abgebaut zu werden, und viele Jahre würde es die Tiere dieser Region quälen und töten.

Arktis

Der WWF setzt sich für umfassende Schutzmaßnahmen in der gesamten arktischen Region ein. Dazu gehören

- eine Einstellung der Prospektion und des Abbaus von Bodenschätzen

- Maßnahmen gegen die Luftverschmutzung, auf die das arktische Ökosystem sehr empfindlich reagiert

- ein besserer Schutz des arktischen Meeres vor Verschmutzung

- der Schutz der biologischen Meeresressourcen vor Übernutzung

In den meisten Siedlungen wohnen die Eskimos heute in festen Häusern. Sehr viele haben eine Waschmaschine und sogar Fernsehen. Und der Supermarkt bietet ein reiches Angebot. Auch an Bekleidung, so daß die schönen, alten, selbstgefertigten Pelze selten geworden sind.

Die Buschwildnis Australiens

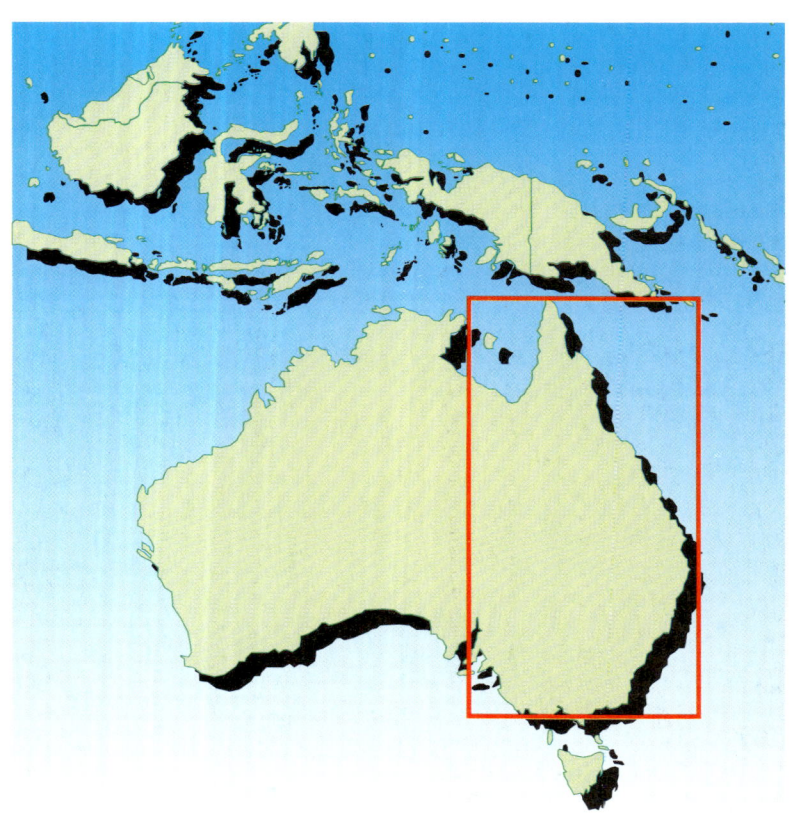

Kinder in der Tasche

Als vor ungefähr 200 Jahren die ersten weißen Siedler aus England nach Australien kamen, entdeckten sie Tiere, die sie aus dem Staunen nicht mehr herausbrachten: Riesige Vögel, die nicht fliegen konnten, Kreaturen von der Größe eines Rehbocks, die wie Frösche sprangen, wobei ihr Junges aus einem Bauchbeutel herausschaute, Schwäne, die schwarz waren, Igel, die Eier

legten, und eine Art Biber, der aus verschiedenen Tierteilen zusammengesetzt schien. Fast alle Säugetiere, die sie antrafen, hatten einen Bauchbeutel für ihre Jungen. Der Weltensegler James Cook, der 1770 hier landete, beschrieb diese Tiere als "seltsame Kreaturen", die er sonst nirgendwo auf der Welt angetroffen hatte.

Ich flog für zwei Jahre ins Land der "seltsamen Kreaturen". Mich interessierten die Verhaltensweisen und Familiengeschichten dieser Tiere, die ich natürlich inzwischen kannte: Der große Vogel war der Emu, das hirschfarbene Tier ein Känguruh, die komischen "Biber" Schnabeltiere. Wir wollten die gesamte Ostküste erkunden, von Victoria bis hinauf ins tropische Queensland.

Vor Jahrmillionen war die ganze Welt von Beuteltieren bevölkert. Es gab sie auch bei uns. Doch in einem späteren Erdzeitalter, als die Kontinente sich trennten, auseinanderdrifteten, entwickelten sich die Lebewesen auf den einzelnen Teilen verschieden. Überall wurden die Beuteltiere von anderen, überlegenen Beutegreifern ausgerottet, nur in Australien blieben sie erhalten. Alles, was dort heute keinen Beutel hat, wurde erst später vom Menschen eingeführt: Dingos, Füchse, Ratten, Kaninchen, Büffel, Schweine.

Es gibt beispielsweise 150 Arten von Känguruhs. Manche davon sind kaum größer als ein Kaninchen, andere werden zwei Meter und mehr. Einige klettern auf Bäume, bewohnen Felsenberge oder leben in Sümpfen. Die Mehrzahl lebt in der Steppe, ernährt sich vom Steppengras der weiten leeren Landschaft Australiens.

Leider sind die bevorzugten Weideflächen der Känguruhs nach Ankunft der Siedler zu Weiden für Schafe und Rinder geworden. Dem Ureinwohner Känguruh gönnt man das spärliche Futter nicht mehr - sie werden zu Zehntausenden abgeschossen. Bei unserer Fahrt durch die Buschsteppe von Neusüdwales fanden wir oft Känguruhs, die sich im Maschendraht von Einzäunungen verfangen hatten. Obwohl sie Meister im Weit- und Hochsprung sind, wird ihnen die Umzäunung der großen Farmen mehr und mehr zum Verhängnis. Es ist wirklich kaum zu begreifen, wie Menschen es fertigbringen, jährlich eine große Zahl dieser Geschöpfe abzuschießen, um

sie zu Hundefutter zu verarbeiten. Ein einziges Unternehmen hat in zwei Wochen ungefähr zwanzigtausend Känguruhs erlegt, um sie zu Konservenfleisch und Tierfutter zu verarbeiten. Das Fleisch der großen und vor allem der kleinen Tiere ist auch für Menschen genießbar. Die Hinterschenkel von Känguruhkindern sind für Kenner eine Delikatesse. Und Känguruhschwanz-Suppe soll vorzüglich sein. Ich habe sie nie probiert.

Ein Beuteltier habe ich sehr in mein Herz geschlossen: Den Koala(-Bären). Er ist zwar das Vorbild für unsere Teddybären, aber mit der Familie Bär hat er nichts gemein. Er ist ein Tier eigener Gattung.

Koalas sind Vegetarier. Sie ernähren sich ausschließlich vom Laub des Eukalyptusbaumes. Und auch nur von ganz bestimmten Bäumen. 400 Arten Eukalyptus gibt es, nur etwa zwölf nehmen sie als Futter an. Deshalb ist es so schwierig, Koalas im Zoo zu halten: Man braucht jeden Tag große Mengen Blätter eines bestimmten Eukalyptusbaums, der bei uns nicht wächst.

Der Lebensbereich der Koalas liegt in luftiger Höhe. Auch sie tragen ihre Babys im Beutel. Sobald das Kleine größer wird, trägt es die Mutter auf dem Rücken oder hält es im Arm wie eine Menschenmutter. Mit dem Kind springt sie so geschickt von Ast zu Ast wie ein Affe, nur nicht so schnell. Den

Von den Beuteltieren des Fünften Kontinents sind die Känguruhs wohl die erfolgreichsten Pioniere. Sie haben sich mit vielen Arten allen nur möglichen Lebensbedingungen der australischen Umwelt angepaßt.

Zu den attraktivsten Beuteltieren gehören die Koalas, die Vorbilder unseres Teddybären. Kein anderes Geschöpf Australiens erweckt bei uns Menschen die gleiche Zuneigung, wie der friedliche Koala.

Känguruhs hat es einmal auch bei uns vor vielen Millionen Jahren gegeben, bis in der stammesgeschichtlichen Entwicklung der Tiere die überlegenen Beutegreifer geschaffen wurden. Bevor diese in den australischen Raum vordringen konnten, löste sich der Inselkontinent von der übrigen Landmasse. So konnten die Beuteltiere überleben. Einmalig ist die Entwicklung der Kinder. Als winzige nackte und blinde Embryos wandern sie zur weiteren Entwicklung in die Bauchtasche der Mutter, wo sie Schutz, Wärme und Nahrung finden.

Foto Seite 110/111
Viele Menschen glauben, daß der Fünfte Kontinent zum allergrößten Teil aus trostloser Wüste, kahlen Bergen und trockener Steppe besteht. Aber kaum ein Drittel des Inselkontinents entspricht dieser Vorstellung. Mag die Vegetation in weiten Landesteilen auch noch so dürftig sein, dennoch ist auch das heiße Hinterland Australiens keine Sahara. Nicht nur die Tierwelt, sondern auch die Vegetation weist viele Einmaligkeiten auf. Zum Beispiel die "Grasbäume". Sie sehen wirklich wie Bäume aus, sind aber Liliengewächse, die bis zu tausend Jahre alt werden.

heißen Tag verschlafen sie in einer Astgabel, nachts gehen sie auf Futtersuche. Das wollige dichte Fell der Koalas duftet wundervoll nach Eukalyptus. Da kann sich kein Ungeziefer halten. Früher wurden diese liebenswürdigen, scheuen und wehrlosen Tiere gnadenlos verfolgt und fast ausgerottet. Noch Anfang unseres Jahrhunderts wurden fast zehn Millionen Koalas umgebracht. Heute gibt es sehr strenge Gesetze zu ihrem Schutz.

Auch der Schnabeligel - kein Verwandter unseres europäischen Igels - legt seine Eier in einen Beutel am Bauch. Nach sieben bis zehn Tagen durchbrechen die Jungen die Schale und wohnen noch neun Wochen lang in Mutters Beutel. Dann erst haben sich die wehrhaften Stacheln entwickelt und die Kleinen kommen heraus, um ihr eigenes Leben zu beginnen. Es kann 50 Jahre dauern.

Der Wombat gehört ebenfalls zu den vielen Beuteltieren Australiens. Er ist nachts unterwegs, tagsüber schläft er in verzweigten Erdbauten. Er ist Vegetarier, ernährt sich von Gras, Kräutern und Wurzeln. Sein Beutel liegt nicht vorn, sondern hinten. Eine

Vorsicht der Natur: So kann beim Schaufeln im Erdreich kein Schmutz an die Jungen gelangen.

Sogar die Mäuse haben in Australien einen kleinen Beutel am Bauch, in dem sie ihre Jungen nähren und großziehen. Sonst sehen sie so aus, wie "normale" Mäuse bei uns.

Eierlegende Säugetiere

Von all den erstaunlichen Säugetieren sticht eins besonders hervor:

Das Schnabeltier. Ein Pelztier mit dem Schwanz eines Bibers, aber nicht geschuppt sondern behaart. Die Vorderfüße gleichen denen der Fischotter, nur mit längeren und breiteren Schwimmhäuten. Der Schnabel sieht aus wie ein Entenschnabel. Das seltsame Geschöpf bewegt sich an Land so schnell wie im Wasser.

Wir trafen es im subtropischen Queensland. Es war schwer, diese Tiere vor die Linse zu bekommen, denn sie bewohnen tiefe Erdbauten an der Uferböschung und jagen meistens im

Eine der größten zoologischen Sensationen wurde die Entdeckung des Schnabeltieres. Als das erste ausgestopfte Tier nach London kam, hielt man es für eine Fälschung. Es war die Zeit, in der vor allem chinesische Präparatoren sogenannte "Kuriosa" anfertigten, die von den Raritätenkabinetten in Europa hoch bezahlt wurden. Viele Jahre vergingen, bis dieses "Zwitterwesen" der Schöpfung, mit den Eigenschaften von Säugetier, Vogel und Reptil, unter dem Namen Platypus als neue Spezies anerkannt wurde.

Schutz der Dämmerung, wo man bekanntlich nur schlecht filmen kann. Dem Naturforscher David Fleay ist es nach langen Versuchen geglückt, einige zu züchten. Er hat uns dann bei unseren Dreharbeiten geholfen und konnte uns viel erzählen über die seltsamen Eigenarten dieser Tiere. Beispielsweise, daß es wesentliche Eigenschaften vom Säugetier, vom Vogel und vom Reptil in sich vereinigt. Das Weibchen legt Eier, brütet sie aus und ernährt sie dann mit Muttermilch. Aber nicht etwa durch Milchdrüsen, wie bei normalen Säugetieren. Nein, die Kleinen saugen den lebensnotwendigen Saft durch die Haut.

Noch mehr Merkwürdigkeiten konnte er uns mitteilen: Schnabeltiere haben das Herz eines Säugetiers, aber Fortpflanzungsorgane wie Reptilien. Sie bekommen ihre Nahrung ausschließlich aus dem Wasser: Insekten, Würmer, Krebse. Wenige Minuten müssen ausreichen, dann kommen sie wieder hoch an die Luft. Sie haben zwar Schwimmhäute, mit denen sie sehr schnell paddeln, laufen auf dem Land jedoch auf den Knöcheln, eingebogen wie bei einem Clown. Die Männchen haben an ihren Hinterpfoten Giftdrüsen, deren Sekret Verfolger blendet oder sogar betäubt.

Auch das Schnabeltier wurde seines Fells wegen fast ausgerottet. Besonders strenge Gesetze schützen heute die seltsamen Tiere.

Der putzige Schnabeligel ist ebenfalls ein Säugetier, obwohl er weichschalige Eier legt, wie ein Reptil. Nicht verwandt mit irgendeinem ähnlichen Tier unserer Breiten, gehört er zu den urtümlichsten Tierarten der Erde. Er ernährt sich wie der Ameisenbär von Ameisen und Termiten, bricht die harten Bauten mit seinen Krallen auf und fängt die Beute mit einer langen dünnen Zunge heraus.

Der Thermometer-Vogel

Zu den vielen Wundern Australiens gehört ein truthahnähnlicher Vogel, der Lowan. Er errichtet zur Ablage seiner Eier einen umfangreichen Erdhügel, ein bis fünf Meter hoch und vier bis fünfzehn Meter breit.

Für meine Filmarbeiten vom Leben der Lowane, die auch "Brutschrankvögel" heißen, weil sie in den riesigen Bruthügeln die Temperatur ziemlich exakt bei 35 Grad Celsius halten können, wurde ich von australischen Ornithologen beraten. Mit David Robinson machte ich mich auf in die Heimat des seltsamen Tieres, in die Zwergeukalyptus-Savanne nördlich des kleinen Städtchens Griffith in Neusüdwales. Ein Schutzgebiet für Tiere.

Diese Fahrt in der trockenheißen Luft mit einer Mittagstemperatur von 30 Grad im Schatten war wirklich keine reine Freude. Ständig krochen wir durch dichtes Gestrüpp. In Scha-

ren umschwirrten uns dabei Fliegen, drangen in Nasen und Ohren ein, bissen mich sogar unterm Hemd. Ich wedelte ständig wie ein Apostel mit einem Eukalyptuszweig herum. Den Geruch mögen die Plagegeister nämlich nicht.

Nach Stunden fanden wir einen Bruthügel. Beim Bau spielt die Lage des Hügels für den Lowan eine wichtige Rolle. Auch die Beschaffung des Baustoffes und des Laubes, das er mit einbaut. Viele, viele Stunden baut der Hahn an dem Brutschrank. Wir haben uns die Mühe gemacht, bei dieser drückenden Hitze solch einen Hügel abzutragen. In ungefähr 50 Zentimetern Tiefe fanden wir die ersten Eier.

Die Lowanhenne legt Wochen, Monate hindurch Eier. Alle zwölf Tage eins. Jedesmal gibt sie zu verstehen: Jetzt ist es wieder soweit. Sie trägt mit dem Hahn einen Teil des Sandhaufens ab und legt ihr Ei hinein, er scharrt alles wieder zu. Den Verhältnissen entsprechend packt er um das Ei herum Eukalyptusblätter, Laub oder Gras, das beim Verfaulen dem Ei die nötige

Zu den Vogelwundern Australiens gehören die Thermometer-Vögel. Man nennt sie so, wiel sie für das Ausbrüten der Eier einen Brutschrank erfunden haben. Durch Aufschichten und Abtragen des Sandhügels kann der Lowan die Temperatur im Innern regulieren.

Der Vogel Strauß Australiens ist
der Emu.
Mit dem Känguruh gehört er zu
den Wappentieren des Staates.
Bei den bis zu 1,50 Meter großen
flugunfähigen Vögeln herrschen
ungewöhnliche Familienregeln.
Nach dem Legen der bis zu neun
Eier zieht sich die Henne zurück.
Der verlassene Emumann muß
allein die Eier ausbrüten und die
Jungen betreuen.

Vor allem Queensland, an der
Ostküste Australiens, überrascht
mit den verschiedenartigsten
Landschaftsbereichen.

Wo an den Küsten im Osten und Süden Australiens,
bis hinauf zur tropenfeuchten Halbinsel York,
Gebirgsketten die vom Meer heranziehenden Wolken
abfangen, dehnen sich über weite Entfernungen dichte und
manchmal kaum zu durchdringende Urwälder aus.
Zu den häufigsten Baumarten Australiens gehören die
Eukalyptusbäume, an die 400 Arten. Die Giganten unter
ihnen erreichen eine Höhe bis zu 150 Metern.

Australien ist nicht nur die Heimat der Wellensittiche, die zu
den beliebtesten Volierenvögeln gehören. In allen
Landschaftsbereichen des Inselkontinents ist die Familie der
Papageien zahlreich vertreten. Unter den Sittichen gibt es
besonders farbenprächtige Arten.

Während der Große Gefleckte Laubenvogel als Wohnort die
lichte Buschzone bevorzugt, lebt der Seiden- oder Atlasvogel
vorwiegend in den Waldungen.

Wärme gibt. Es hängt davon ab, wie der Sonnenstand beim Eierlegen ist, welche Jahreszeit herrscht und wieviel Schatten der Hügel hat. Der Vogel weiß genau, was er in jeder Lage zu tun hat. Früh am Morgen öffnet er den Brutschrank, prüft mit geöffnetem Schnabel die Temperatur im Inneren. Erst vor der Mittagshitze deckt er die Grube wieder zu. Die Wärme im Brutschrank muß unter allen Umständen konstant bleiben. Doch da die Außentemperatur jahreszeitlich verschieden ist, muß der Vogel mal mehr, mal weniger Laub oder Zweige draufdecken.

Bei dieser komplizierten, aufwendigen Versorgung der Eier sollte man meinen, die Lowan-Eltern würden das Kleine, das schließlich schlüpft, genauso liebevoll versorgen. Pustekuchen! Das Vögelchen interessiert die Eltern überhaupt nicht. Es schaut sogar so aus, als würden sie das schlüpfende Kleine gar nicht als ihren Nachwuchs betrachten. Es muß sich selbst mühevoll aus dem Sandhaufen buddeln und ganz schnell "abhauen". Alle zwölf Tage schlüpft ein Federbündelchen, so, wie die Henne die Eier abgelegt hat. Die Jungen kennen sich auch untereinander nicht. So ein kleines Lowankind ist das einsamste Vögelchen der Welt! Erst am dritten Tag kann es mit den Flügeln flattern und sich selbst Futter besorgen. Die Tage dazwischen hungert es und ist sehr gefährdet, weil es noch unbeweglich ist

- eine leichte Beute für Füchse, die die größten Feinde dieser Vögel sind. Erst nach zwei, drei Jahren können junge Lowane selbst einen Brutschrank anlegen.

Das Wunder der Laubenvögel

Australien besteht nur zu einem Drittel aus trockener Savanne und kahlem Gebirge. An den Küsten im Osten und Süden bis hinauf zur tropenfeuchten Halbinsel York dehnen sich dichte, oft undurchdringliche Urwälder mit Bächen, Sümpfen und sumpfigen Flüssen. Dort leben viele hundert Arten verschiedenster Vögel. Auch die allerschönsten Vögel der Welt leben hier.

Zu diesen Vogelwundern gehören die Laubenvögel, nahe Verwandte der Paradiesvögel. In Australien sind acht Arten davon bekannt.

Ein Jahr lang blieb ich in diesem Gebiet, um die Laubenvögel, diese Künstler unter den gefiederten Sängern, zu finden und zu filmen. Sie sind allesamt entweder Meister des Gesangs, Meister der Baukunst oder aber wahre Meister, wenn es um Hochzeitsbräuche geht. Oft lagen mehrere tausend Kilometer zwischen dem Vorkommen der einen und der anderen Art. Und nicht immer führten Straßen in dieses Gebiet.

Den meisten Spaß machten uns die "Baumeister" unter diesen erstaunlichen Vögeln. Man nennt sie so, weil sie regelrechte Liebeslauben bauen. Das sind manchmal große Gebilde aus Zweiglein und Blättern, die wirklich wie eine Laubhütte aussehen. Im Inneren ausgeschmückt mit Blüten oder bunten Steinchen, kleinen Knöchelchen oder bunten Federn. Einige der Künstler malen die Hütte innen mit Farbe aus, andere wieder bauen Bühnen davor, auf denen sie tanzen oder stolzieren. Wieder andere errichten regelrechte "Maibäume": Zwei Türme, ein, zwei Meter hoch, verbunden mit einem Ast, auf dem sie Kunststückchen machen können, um dem Weibchen zu imponieren.

Nach ihren Bauwerken werden sie in drei Gruppen eingeteilt: Die einfachsten Balzplätze fertigen die "Bühnenbauer" an. Der Zahnschnabel-Laubenvogel gehört zu dieser Gruppe.

Vor allem in den Waldgebieten der regenreicheren Ostküste gibt es Waldungen, die vorherrschend von schattenreichen Baumfarnen bewachsen sind.

Bei der Balz entfaltet der Leierschwanz die herrlichen Schwanzfedern zu einem Halbmond und verwandelt sich zunehmend in eine am dunklen Waldboden schillernde Federwolke. Schließlich ist er ganz in seinem Gefieder eingehüllt, und auch der Kopf verschwindet. Aber durch den silberglänzenden Fächer können seine Augen die Umgebung gut beobachten. Um sich besonders wirkungsvoll darzubieten, schichten die Freier zu Beginn der Balzzeit in ihrem Revier einen an die einen Meter hohen Erdhügel auf. Das ist die Bühne für Gesang und Tanz. Mit den tänzerischen Darbietungen beginnt der Hahn aber erst, wenn ein Weibchen von den weitschallenden Gesängen herangelockt wird. Der Leierschwanz wurde zum Lieblingsvogel der Australier. Seit langer Zeit steht er unter Schutz, so daß der "Tänzer mit den 1000 Stimmen" nirgendwo bedroht ist.

In den schattenreichen Hochwäldern, an der Ostküste, lebt ein Vogel, den man wegen seiner eindrucksvollen und vielseitigen Gesänge den Orpheus der Vogelwelt nennt. Er besitzt nicht nur einen sehr schönen weittragenden Gesang. Er kann alles imitieren, was er in seiner Umgebung vernimmt. Die Lautäußerungen anderer Vögel, Hupen der Autos, Pfiffe der Eisenbahn, selbst das Kreischen der Motorsäge. Der etwa fasanengroße Vogel gehört nicht zu den Hühner-, sondern zu den Sperlingsvögeln. Sein wissenschaftlicher Name, Menura superba, soll besagen, daß seine Schwanzfedern dem zunehmenden Mond gleichen.

Wir entdeckten ihn in den tropischen Wäldern von Queensland. Zehn Meter vor seiner "Bühne" hatten wir uns einen Ansitz gebaut. Das Männchen war damit beschäftigt, zwölf Zentimeter lange Ingwerblätter von den Büschen ringsum zu rupfen. Diese legte es sorgfältig, mit der Unterseite nach oben, auf einen freien, vorher gereinigten Platz. Mehrmals am Tag kam der Vogel, nahm trockene oder eingerollte Blätter weg und ersetzte sie durch frische.

Bald hatten sich die Vögel an mein Versteck gewöhnt, und dann kam ein Weibchen in Sicht, angezogen von der Blätterbühne. Das Männchen hatte eine Stunde lang, auf einem Zweig sitzend, gesungen. Dann sprang es auf seine "Bühne" und tanzte dort mit zuckenden Flügeln. In fünf Zentimeter hohen Sprüngen hüpfte das Vögelchen, dann gesellte sich endlich das Weibchen dazu. Das Männchen sprang um sie herum und zwitscherte spezielle scharrende Balzlaute.

Etwas kompliziertere Bauten fertigen die "Gassenbauer" an. Der Seiden- oder Atlaslaubenvogel gehört dazu. Ihn trafen wir nach einer langen Such-Expedition in den Urwäldern an der Ostküste des Kontinents.

Er braucht für seine Laube und seinen Tanzplatz einen Meter im Quadrat. Den Boden planiert er vorher, als Material dienen ihm 20 bis 30 Zentimeter lange Zweige und Äste.

Die Laube ist schnell fertig: Zwei bis drei Tage emsiger Arbeit genügen.

Aber er gibt sich mit der Laube allein nicht zufrieden. Er ist auch Maler. Er streicht seine Innenwände mit Farbe. Pflanzensäfte, Fruchtmark oder Holzkohle - Folge von Waldbränden - dienen ihm als Farbstoff. Die Mischung bereitet der Vogel in seinem Schnabel, fügt Speichel hinzu, damit sich die Paste gut auftragen läßt. Vogelforscher behaupten, daß er zum Anstreichen der Wände Werkzeuge benutzt: Ein zerfasertes Stöckchen oder ein kleines Baumrindenstück, das mit der Paste befeuchtet wird, um damit die Laubenwand zu bestreichen. Ich konnte das leider nicht dokumentieren. Warum er das macht, konnte bisher niemand herausfinden. Das Zeug klebt nicht, hat auch keine Leuchtfarbe, es ist eher grau-braun und wird bei jedem Regen gleich wieder abgewaschen.

Doch der Seiden- oder Atlaslaubenvogel macht noch erstaunlichere Sachen. Er legt sich ein "Privatmuseum" an: Er sammelt ringsum auf, was blau ist. Gelb und braun nimmt er auch, aber hauptsächlich blau. Blüten, Früchte, Federn, Schneckenhäuser, die Kokons von Insektenlarven - in der Nähe menschlicher Siedlungen stiehlt er auch Wäscheklammern, Glasmurmeln, alte Kinokarten, Bleistiftspitzer oder Kinderspielzeug - Hauptsache, es ist blau. Das alles legt er sich vor seine Laube. Vorüberfliegende Weibchen sollen diese Ausstellung bewundern. Kommt keins, dann kann sich das Männchen an seiner blauen Sammlung gut selbst erfreuen. Es tanzt und balzt davor, meistens eine blaue Feder im Schnabel. Ein Vogel mit einer so großartigen blauen Sammlung muß aufpassen: Kollegen mopsen ihm das Zeug, wenn er nicht hinschaut oder wenn er auf Nahrungssuche unterwegs ist. Auch er selbst klaut, was das Zeug hält. Die Sammlung wird ständig ergänzt.

Der WWF in Australien

Die Arbeit von WWF-Australien bildet einen ganz wesentlichen Teil der internationalen WWF-Strategie. Sie konzentriert sich auf drei Schwerpunkte:

1. Schutz bedrohter Arten

2. Bewahrung australischer und südpazifischer Lebensräume und Naturschönheiten

3. Aktivitäten und internationale Zusammenarbeit zur Erhaltung der biologischen Vielfalt

Unter diesen drei Programmen verbirgt sich ein gewaltiges Aufgabenpaket. In Australien gibt es mehrere große Naturräume, insbesondere die tropischen Wälder, die inneraustralische Wüste, Randgebirge und Küsten sowie Wald, Baum-Savannen, Grasland, Heiden und ausgedehnte Feuchtgebiete. Alle diese Landschaften mit ihren Tieren und Pflanzen unterliegen infolge der zunehmenden Besiedelung Australiens immer größeren Gefahren durch Eingriffe und Übernutzung seitens des Menschen. Unsachgemäß eingesetztes Feuer spielt in Australien eine besondere Rolle.

Für alle Naturräume hat der WWF-Australien Forschungs- und Schutzprojekte entwickelt; mehr als einhundert laufen im Jahr 1991.

Seit der Ankunft der Europäer vor 200 Jahren hat sich die australische Wildnis grundlegend verändert. Wälder und Buschland wurden weitgehend gerodet, um der Landwirtschaft Platz zu machen. Das trockene (aride) Land wird heute von Millionen Schafen und Rindern beweidet. Im Weideland haben sich Kaninchen und Füchse ausgebreitet. Mehr als einhundert Pflanzen- und Tierarten sind in diesen zwei Jahrhunderten in Australien ausgerottet worden. Die "Sterbeliste" verlängert sich immer schneller. Der WWF-Australien will ihr mit Artenschutzprojekten Einhalt bieten, die so bekannten Tieren, wie dem Koala, aber auch den nahezu unbekannten Beutelmäusen oder bestimmten Giftpflanzen in Westaustralien sowie seltenen Orchideen in Viktoria gelten. Der WWF-Australien kümmert sich gemeinsam mit WWF-International darüber hinaus um das südpazifische Naturschutzprogramm. Auf Papua Neu-Guinea beispielsweise und auf einigen südpazifischen Inseln werden Formen der naturnahen Wald- und Landbewirtschaftung durch die einheimische Bevölkerung erprobt. Auch der ökologisch verträglichen Nutzung von Feuchtgebieten und der empfindlichen Küstenregionen mit ihren Korallenriffen und Mangrovenwäldern sind spezielle Projekte gewidmet.

In Australien leben rund 30000 bisher bekannte Pflanzenarten, etwa 700 Vogelarten und 230 Säugetierarten. Die meisten Tier- und Pflanzenarten gibt es nur dort und sonst nirgendwo. Daher ist ihr Schutz so besonders wichtig. Obwohl erst 1978 gegründet, hat der WWF-Australien bereits mehr als 10 Millionen Dollar für den Naturschutz aufgebracht. In den kommenden Jahren werden noch viel umfangreichere Mittel notwendig sein, um die einmaligen Landschaften Australiens mit ihrer unvergleichlichen Fauna und Flora vor zu starken Veränderungen und Verlusten zu bewahren.

Unentdecktes Paradies

Expedition in die Steinzeit

Neuguinea ist die zweitgrößte Insel der Erde. 770 000 Quadratkilometer groß ist diese in Teilen noch unerforschte Landmasse, die aus zerklüfteten Gebirgen, reißenden Flüssen, trägen Strömen und nur wenig bewohnbarem Land besteht. An der Küste ist das Klima feucht und heiß, der größte Teil der Insel ist von tropischem Urwald bedeckt. Tiefe Schluchten der bis zu 5000 Meter hohen Berge trennen die Stammesgebiete der Eingeborenen. Straßen gibt es wenige. Buschflugzeuge übernehmen hauptsächlich den Ver-

kehr, obwohl auch das schwierig ist, weil zu wenig ebenes Land für eine Landefläche vorhanden ist.

Wieviel Einwohner Neuguinea hat, kann man nur schätzen. Bei uns liest und hört man immer nur von den Weißen, die dort leben. Das sind rund 20 000. Doch insgesamt gibt es an die zwei Millionen Menschen auf der Insel. Noch im Jahr 1955 hat man einige tausend Papuas entdeckt, von deren Existenz man vorher nichts wußte. Da, wo sie leben, sind die Berge meist unter einer Wolkendecke verborgen. Daher konnte man die Dörfer selbst vom Flugzeug aus nicht sehen.

Diese Eingeborenen führen teilweise noch ein Leben wie in der Steinzeit. Da niemand wußte, daß es sie gab, blieben sie weitgehend frei von fremder Zivilisation. Sie sind in zahllose Stämme, Dörfer und Sippen aufgeteilt, hauptsächlich Papua und Melanesier. In den tiefen Urwäldern leben auch noch kleinwüchsige Menschen, die sich aber kaum je sehen lassen. Niemand kennt die Zahl der Sprachen, die auf Neuguinea gesprochen werden. Oftmals ist sogar von Tal zu Tal keine Verständigung möglich.

Georg Theilacker und ich flogen von Australien aus auf die Insel. Wir wollten ins Whagi-Tal, einem entlegenen Gebiet im Herzen von Neuguinea. Bis 1930 wußte kein Mensch, daß hier etwa eine Viertelmillion steinzeitliche Papuas leben. Und zwar - im Vergleich mit anderen Völkerstämmen auf dieser Insel - auf einer relativ fortgeschrittenen Entwicklungsstufe. Sie hatten Wildschweine zu Hausschweinen domestiziert, hatten Felder angelegt. Vereinzelt auftauchende Missionare brachten Kulturpflanzen mit, errichteten eine Schule und ein Krankenhaus.

Als wir dort ankamen, begann gerade das "Schweinefest", das größte Jahresfest der Papuas. Es dauert ein paar Tage. Männer, Frauen und Kinder schmücken sich mit den herrlichen Schwanzfedern der Paradiesvögel. Sie führen Tänze auf, die an das Balzverhalten dieses seltenen Vogels erinnern. Auch die Vogelstimmen werden nachgeahmt. Das Ritual soll die Verbundenheit der Menschen mit den Vögeln ihrer Heimat betonen. Was wir jedoch sahen, war ein Ballett bunt ausstaffierter Tänzer, die einer wogenden Wolke aus Federn glichen. Sechs bis acht Paradiesvögel mußten ihr Leben lassen,

Foto Seite 122/123
Die riesige Tropeninsel Neuguinea ist die Heimat der Paradiesvögel, der Gärtnerlaubenvögel und vieler anderer Tierwunder. Im glitschigen Auf und Ab, im Bereich der Nebelwälder ist es nicht einfach, Film- und Forschungsarbeiten durchzuführen.

Ich war gut beraten, als man mir sagte, ich solle keine Zeltausrüstungen nach Neuguinea mitschleppen. Die Eingeborenen würden mir zeigen, wie man beim internen Wasserkreislauf des Regenwaldes die besten Unterkünfte baut. Dazu muß man an den zumeist steilen Hängen eine altanartige Plattform finden. Hier bauen die Papuas lichte Unterkünfte, an denen das tägliche Tropengewitter seine Wassermassen gewissermaßen unter der Matratze hinwegfließen läßt. Bis zu 30 Tage sind solche Schutzhütten unser Standquartier gewesen. Mit den Riesenblättern wilder Bananen bedeckt, waren wir auch bei den stärksten Tropengewittern ausreichend geschützt.

Foto rechts
Höhepunkt der Hochzeit ist der Festtagsschmaus, ein Schwein aus der Kochgrube, die mit heißen Steinen ausgelegt wird. Die Steine werden vorher im prasselnden Feuer erhitzt. Eine Schicht aus Blättern und Farnkräutern sorgt in der Kochgrube für gleichmäßige Temperatur. Bei dieser Kochkunst nach Papuaart bleibt auch der Saft im Fleisch erhalten.

Foto rechts unten
Als wir zu den Papuas ins Waghi-Tal kamen, erlebten wir eine Hochzeit im alten Ritual. Dazu wurde der Familienschmuck des Brautvaters zur Schau gestellt, bestehend aus den Federn von Paradiesvögeln und Urwaldpapageien, ferner aus Muscheln, die damals noch Zahlungsmittel waren.

Der Bruder der Braut schmückt die Schwester mit den schönsten Federn aus dem Familienschmuck.

124

Viele Paradiesvögel wurde nach Mitgliedern königlicher Familien benannt. Dieser Hochzeitsgast trägt im Kopfschmuck die langen dunklen Federn des Prinzessin-Stephanie-Paradiesvogels. Besonders stolz aber ist dieser Papua über eine Krawatte, die ihm ein Verwaltungsbeamter geschenkt hat.

Als sich die Papuas für die Hochzeitsfeierlichkeit geschmückt hatten, lernte ich die Federn vieler Paradiesvögel kennen. Dieser junge Mann hat sich den "König von Sachsen" durch die Nase gesteckt. Der nur starengroße Vogel, der den königlichen Namen trägt, hat ungewöhnliche Schmuckfedern. Sie sind von hellen, hornartigen Plättchen besetzt, die wie Porzellan glänzen.

um einen Tänzer mit solch herrlichem Federschmuck auszustaffieren. Nur die besten Jäger erwischen überhaupt welche.

Der Abschluß des Schweinefestes ist der große Braten. Schweine werden geschlachtet und in Kochgruben, die mit glühenden Steinen ausgelegt sind, gegart. Eine Schicht aus Blättern und Kräutern würzt das Fleisch und hält es saftig.

Uns nahmen die Eingeborenen freundlich auf. Sie zeigten mir, wie man mit Pfeil und Bogen schießt. Sie treffen sogar kleinste Vögel damit. Freundlich erklärten sie sich bereit, für uns als Träger zu arbeiten. Und es war wirklich erstaunlich, wie sie selbst schwere Lasten barfuß über glitschige Berghänge trugen. Nie ging ein Stück der Ausrüstung verloren oder wurde beschädigt.

Der Tanz der Brautjungfern ist eine Vorführung der schönsten Vögel der Tropenwildnis von Neuguinea. Seit langer Zeit ist der Export, der Handel mit Paradiesvogelfedern verboten. Nur die Eingeborenen, die während meines Besuches vor 25 Jahren die "Göttervögel" aus Wipfelansitzen mit Pfeil und Bogen erlegten, hatten das Recht, Paradiesvögel für den Eigenbedarf zu erlegen.

Laubenvögel sind stammesgeschichtlich mit den Paradiesvögeln verwandt. Bei ihnen hat sich die Evolution gewissermaßen etwas Besonderes einfallen lassen. Anstelle des farbenprächtigen Gefieders locken die Laubenvögel ihre Weibchen durch Liebeslauben an. Aufwendige Bauwerke, die nichts mit Brutgeschäft oder Jungenaufzucht zu tun haben. Besonders eigentümlich ist das Bauwerk des Langschopf-Gärtnervogels. An einem dünnen Baumstamm legt er einen regelrechten "Maibaum" an.

Als ich vor fast dreißig Jahren zum erstenmal nach Neuguinea kam, lernte ich Eingeborene kennen, die noch nie ein Auto gesehen hatten, als Waffen den Bogen und die Steinaxt trugen, in primitiven Strohhütten wohnten und noch in der Steinzeit lebten.

Vögel, die Hütten und Gärten bauen

Eine Woche blieben wir im Dorf der Papuas, lernten ihre Bräuche kennen und machten uns mit ihrer Lebensweise vertraut. Das ist wichtig, wenn man einheimische Träger mitnimmt. Man muß wissen, wann man ein Tabu verletzt - und was man ihnen zumuten kann.

Dann brachen wir auf ins Innere der Insel. Wir wollten auch in Neuguinea die Laubenvögel filmen. Acht Arten gibt es in Australien, acht andere hier auf Neuguinea. Jetzt suchten wir den Vogel "Lauterbach", so genannt nach seinem deutschen Entdecker. Im Hochland des Whagi-Tales sollte er aufzufinden sein.

Mit einem Jeep fuhren wir los. Die ausgetretenen schmalen Bergpfade waren so steil, daß wir nur im Schritt-Tempo vorankamen. Sigmund Diszbalis, unser Führer, hatte vorsorglich Spaten, Äxte und Sägen mitgenommen, denn die Tropengewitter hier reißen Brücken fort und werfen Bäume und

Äste auf den Weg. Ich habe bei diesen Reisen mehr Stunden damit zugebracht, Straßen freizuschaufeln und freizusägen, als Vögel zu suchen.

Für die 20 Kilometer bis zur Missionsstation Ogelbang, wo wir übernachten wollten, brauchten wir den ganzen Tag.

Von Ogelbang aus fingen wir an, nach dem Lauterbach zu suchen. Endlich hatten wir Glück. Am Rande einer Lichtung, wo ich Platz hatte, meine Kamera aufzustellen und zu tarnen, fanden wir eine besonders stattliche, reich geschmückte Laube des Vogels. Sie bestand aus vier Gängen, die sich kreuzten und nach oben hin offen waren. Gut 3000 Stöckchen waren hier verbaut. Und zwar so fest, daß man das Nest in einem Stück hätte wegtragen können. In der Mitte der Anlage prangten ungefähr 1000 blaue Steinchen, Stück für Stück von dem kleinen Vogel hierhergeschleppt. Oder aus anderen Lauben geraubt.

Trotz unserer Vorsicht, und obwohl wir uns mucksmäuschenstill verhielten, flog das Männchen erst mal einige Runden über uns hinweg. Die Papuas hatten unser Versteck aus Zweigen dicht verflochten, es unterschied sich überhaupt nicht von der Vegetation drum herum.

Endlich flog ein Weibchen heran. Sofort nahm das Männchen eine Beere in den Schnabel und bot sie der Dame an. Dabei nickte es ständig mit dem

Kopf und machte Tanzschritte. Wir haben im Lauf der Wochen viele Laubenvögel gefilmt: Nie habe ich gesehen, daß ein Weibchen die Beere fraß. Sie hat wohl auch nur rituelle Bedeutung.

Genauso, wie die Steinchen im Laubennest. Diese herrlichen Bauten sind keine Nistplätze - und dennoch wie solche hergerichtet. Das Männchen hatte es sogar mit weichen Haaren ausgepolstert, mit Federn und Gräsern - was auf dem Waldboden so zu finden ist. Die blauen Kiesel und die roten Beeren dazwischen sahen aus wie ein Gelege. Die Laubenvogelmänner haben ihren Balztrieb zur Herstellung von Balznestern umgewandelt.

Der nächste Vogel, den ich beobachten und filmen wollte, war der seltene Langschopf-Gärtnervogel, den die Eingeborenen Kumbuk nannten. Er lebt hoch in den Gebirgen, wo sich die Wolken stauen. Wie wir von Eingeborenen erfuhren, stand uns eine schwere kräfteraubende Kletterpartie bevor. Zwanzig Träger begleiteten uns, ein alter Papuamann führte die Gruppe an. Auf seinen Rat hin ließen wir einen Teil der Verpflegung und Ausrüstung zurück. Papuas sind Meister im Flechten von wasserdichten Unterkünften und auch Nahrung und Wasser finden sie reichlich.

Unser Aufstieg zum Revier des Gärtnervogels war auf drei Tage berechnet. Die ersten beiden Nächte verbrachten wir in vorhandenen Schutzhütten. Die dritte Nacht wollten wir in 2400 Metern Höhe verbringen. Dieser Aufstieg wird mir ein Leben lang in Erinnerung bleiben. Kein gerades Fleckchen Erde, immer nur bergauf oder bergab, ein Graben zu überspringen, ein Baum zu überklettern. Der Schweiß lief in Strömen, tropische Schwüle drückte unseren Kreislauf. Wir zogen uns an Ranken, Lianen oder Büschen bergauf, ging's hinunter, rutschten die Füße vom feucht-glatten Boden. Die Papuas fanden an vielen Stellen glasklares Mineralwasser aus dem Felsen rieseln. Sie falteten uns aus großen Blättern Becher, mit denen wir trinken konnten. Alle zwei Stunden legten wir uns in so eine Wasserquelle, kühlten die geschwollenen Füße und den erschöpften Körper.

Ausgelaugt erreichten wir den Standplatz in 2400 Metern Höhe. Die

Der Lauterbach-Laubenvogel in seiner Kreuzganglaube. Wenn ein Weibchen näher kommt, präsentiert ihr der Freier mit Vorliebe eine leuchtend rote Beere als Brautgeschenk.

Papuas hatten aus Bananenblättern und dicken Stämmen wetterfeste Hütten errichtet, die wirklich keinen Regen durchließen. Unsere Späher berichteten uns auch gleich, daß sie zwei Reisigtürme mit Gärten des Kumbuk entdeckt hätten. Also los!

Nach einer Dreiviertelstunde steilen Aufstiegs standen wir vor dem erstaunlichen Bauwerk des Kumbuks. Auf einem Vorsprung des Berghanges war ein fingerdickes Bäumchen bis zu einer Höhe von 1,50 Metern von Stöcken und Ästen umflochten. Dieser Turm, ein "Maibaum", war mit seltsamen kleinen Anhängseln ausgeschmückt. Noch konnten wir nicht erkennen, was das war. Am Fuße des Turms hatte der Vogel einen kreisrunden, mit Moos bepflanzten "Garten" angelegt. Dazu mußte er erst den Waldboden säubern, mit dem Schnabel dichte Moosflechten ausrupfen und in seinem Garten wieder einpflanzen. Rund um den Garten, er hatte einen Meter im Quadrat, lag noch ein Wall aus Moos als Gartenzaun.

Aus einem Ansitz filmte ich das Verhalten des Vogels. Er kam und beschäftigte sich ausgiebig mit seinen Zweigen an der Spitze des Turms. Wie er sein vom Regen zerfleddertes Nest flickt, wie er Stöckchen für Stöckchen heranträgt. Und wie er Blätter abrupft, kleine Stücke heraussägt und sie mit Spucke an die Zweige hängt, wie Weihnachtskugeln. Das waren die geheimnisvollen "Anhängsel", die ich vorher nicht hatte erkennen können.

Dann endlich die Erfüllung meiner heimlichsten Wünsche: Die Balz um ein Weibchen. Noch nie hatte es jemand gefilmt.

Wenn sich so ein unscheinbares Weibchen nähert, flippt der Kumbuk-Mann sofort aus. Er paradiert auf dem Boden vor seiner Hütte auf und ab, wobei er die orangeroten Schmuckfedern auf seinem Kopf kreisrund fächert. Betritt das Weibchen nach einiger Zeit den Liebesgarten des Männchens, wird er leidenschaftlich. Er führt ihr seinen "Flammentanz" vor: Er wiegt sich und hüpft im Kreis um seinen

Turm in dem weichen Moos seines Gartens, wobei er ständig die leuchtenden Kopffedern kreisen läßt. Herrlich!

Wieder drei Wochen später, aufreibende Gebirgsmärsche, Schwitztouren durch die Nebelwälder und Kletterpartien, entdeckten wir den Kurzschopf-Gärtnervogel. Er heißt bei den Einheimischen Goloala. Er ist noch aufregender. Sein Garten ist mit Blüten geschmückt, vor dem Eingang liegt ein buntes Mosaik aus Blütenblättern, dazwischen blauschillernde Käferchen, Teile von Schneckenhäusern und Orchideen. Kommt der Vogel von einem Flug zurück, stellt er sich vor sein Werk und betrachtet die Farbwirkung, bessert aus, tauscht Blüten aus. Hüpft zurück, legt seinen Kopf schräg und betrachtet das Werk. Paßt es jetzt? Kann das alles wirklich nur ein eingepflanzter Instinkt sein? Was der Goloala zustande bringt, ist ein Kunstwerk hohen Grades. So etwas zu sehen, rechtfertigt jede Kletterpartie.

Der "Kumbuk", wie die Eingeborenen den Maibaumvogel nennen, baut sein Balznest am Boden des tropischen Regenwaldes, wo es so dunkel ist, daß ein Belichtungsmesser nicht einmal ausschlägt. So mußten unsere Eingeborenen-Helfer als geschickte Kletterer in langer, vorsichtiger Arbeit das darüberliegende Blätterdach lichten. Da wir nur so viel lichten durften, wie der Kumbuk gestattete, mußten wir einen Spezialansitz bauen, dessen Wände mit Moos und Humus so schalldicht gemacht wurden, daß wir den nur taubengroßen Vogel aus kurzer Entfernung mit kurzbrennweitigen, aber besonders lichtstarken Objektiven aufnehmen konnten.

Das wohl erstaunlichste Bauwerk eines Vogels ist die "Liebeslaube" des Kurzschopf-Gärtnervogels. Er baut eine domförmige Hütte, schmückt die Wand zwischen den beiden Eingängen mit einem kunstvollen Mosaik und ziert den halbkreisförmigen "Gartenzaun" mit rotgelben Blüten und Früchten.

Im Zauber der Paradiesvögel

Die farbenreiche Vogelwelt Neuguineas hatte schon in den vorkolonialen Zeiten viele Forscher angelockt. Aber bis zum heutigen Tag sind nicht alle Vögel beschrieben worden. Es kann sogar durchaus Arten geben, die überhaupt noch kein Mensch gesehen hat.

Als wir eintrafen und gleich das "Schweinefest" miterleben konnten, da waren auch wir über die Pracht der Paradiesvogelfedern auf den Köpfen der Papuatänzer verblüfft. Diese Federn gelten als "Familienschatz". Auf Herkunft und Vielfalt legt man großen Wert. Sie werden nur zu Festtagen hervorgeholt.

Auch in Europa waren Paradiesvogelfedern einmal große Mode. Zum Glück war die Mode schnell vorbei. Schon, weil die Federn zu kostspielig waren.

Paradiesvögel wurden nicht deshalb so genannt, weil sie so paradiesisch schön sind, sondern weil man lange Zeit geglaubt hat, daß sie keine Füße haben, nur fliegen können und so nie die Erde oder "ein irdisch Ding" berührten.

Sie mußten also aus dem Paradies kommen. Der Grund für diese Annahme war, daß die Überlebenden der ersten Weltumseglung, die Gefährten des ermordeten Ferdinand Magellan, ihrem Kaiser Karl V. einen Vogelbalg mitbrachten, der Federn nie gesehener Schönheit trug. Es sollte ein "Göttervogel" sein, denn ihm fehlten die Füße. Auch in späteren Zeiten bekam man immer nur Vogelbälge ohne Füße. Die Folgerung damals: Sie hatten keine. Dabei war alles viel einfacher. Den Eingeborenen in der Südsee kam es immer nur auf die Federn an. Erst dreihundert Jahre später betrat der erste Naturforscher Neuguinea und erblickte diese fliegenden Wunder mit eigenen Augen. Doch bis heute ist nicht alles bekannt, was diese schönen Vögel betrifft. Es gibt Arten, von denen weiß

Um die Balz der Raggiana-Paradiesvögel zu filmen, mußten wir die schwere Film- und Tonausrüstung 30 m hoch in die Wipfel schaffen. Ähnlich wie bei uns das Birkenwild beginnen die Raggianas ihre Gesellschaftsbalz im ersten Tagesschimmer. So mußten wir schon in der Dunkelheit im zumeist pitschnassen Unterholz den Aufstieg beginnen.

man immer noch nicht, wie sie ihr Brutgeschäft betreiben, wie sie sich bei der Balz, in Gefahr oder bei Rivalenkämpfen verhalten. Das wollte ich herausfinden.

Lange und komplizierte Vorbereitungen waren nötig, um die Verantwortlichen davon zu überzeugen, daß keine Strapaze mich abhalten konnte. Wochenlang informierte ich mich, so daß ich am Ende so viel wußte, als hätte ich ein Studium über die Vögel abgeschlossen. Es dauerte wiederum Wochen, die wir an Berghängen herumkletterten, suchten, warteten, bis wir endlich einen Balzbaum des Raggiana-Paradiesvogels ausfindig gemacht hatten.

Sechs farbenprächtige Männchen hielten ihn besetzt. Wir hatten Glück, es gab in der Nähe eine Behelfsunterkunft für Control Officers, die ab und an nach dem Rechten sahen: Zwei Hütten, die wir besetzten. Unsere Träger, diesmal Papua-Junggesellen - verheiratete Männer laufen nach drei Tagen weg, heim zu Frau und Kindern,

Die prachtvollen Krontauben haben ihren Namen von dem imposanten fächerartigen Kopfschmuck. Sie leben meistens auf dem Boden, werden bis 1,3 kg schwer und waren immer ein begehrtes Jagdwild. Zum Glück stehen sie seit langem unter Schutz. Vor allem in der Wildnis von Neuguinea sind sie gebietsweise noch recht häufig, obgleich man sie schwer zu Gesicht bekommt.

Der wunderschöne Blaue Paradiesvogel, Paradisea Rudolphi, ist nach dem unglücklichen Prinz Rudolf benannt worden. Er vollführt im Dämmerlicht der unteren Baumregionen eine ungewöhnliche Balz. Als vollendeter Akrobat macht er eine Bauchwelle rückwärts bis er mit dem Kopf nach unten hängt. In dieser Stellung entfaltet er sein herrliches Gefieder zu einem blauschimmernden Fächer. Diese Schaustellung wird zum Anlocken eines Weibchens durch seltsam schnarrende Laute begleitet.

das hatte ich inzwischen gelernt -, bauten einen Ansitz in der benachbarten Baumkrone. Wieder schleppten und hievten wir unsere zentnerschwere Ausrüstung ungefähr 30 Meter hoch in den Baum. Dazu mußten wir uns erst mal Leitern machen, aus Bambusstöcken und Lianen. Und all das immer nur während der Mittagshitze, weil sich dann kein Paradiesvogel am Balzplatz aufhielt.

Die Aufnahmen, die ich dann beim ersten Tagesschimmer am anderen Morgen machen konnte, waren einmalig: Zwanzig Meter vor mir saß das erste Männchen. Im Minutenabstand kamen die anderen fünf. Rote Raggiana. So groß wie bei uns die Dohlen. Die Schmuckfedern funkeln rot und sind ausgebreitet wie ein Schleier.

Die Vögel hatten von ihrem Balzbaum fast alle Blätter abgezupft. Sie wollten nicht von ihnen verdeckt oder beim Tanz behindert werden. Mir war das gerade recht, ich hatte sie alle prächtig vor der Linse.

Plötzlich verwandelte sich ihr bellendes "Bau-bau-bau"-Rufen in erregte leidenschaftliche Laute. Sie eilten schnell auf und nieder, hin und her auf dem Ast. Dabei entfalteten sie ihre roten Schmuckfedern wie einen Schleier um sich herum. Jetzt trällerten sie frenetisch und verbeugten sich andauernd. Die ständig hochgeworfenen roten Schleier zitterten wie Espenlaub im Wind. Ein schlicht braun gefärbtes Weibchen hatte auf der Spitze des Baumes Platz genommen und sah sich die herumtobenden Freier an. Je länger sie guckte, desto wilder wurden die Verbeugungen, die Triller und das Wedeln. Bei den Paradiesvögeln ist eben ausschließlich die männliche Schönheit entscheidend bei der Auswahl der Weibchen. Endlich entschied sich die Dame für einen Schleiertänzer, hüpfte auf seinen Ast. Es war auch nach unserer Meinung der schönste Hahn. Sie hüpfte kokett auf ihn zu, berührte zart seinen Schnabel, er erwiderte den "Kuß". Dann vollzogen sie die Hochzeit.

Wir hatten, wie meistens, Glück.

Normalerweise finden Balz und Hochzeit zu einer Tageszeit statt, wo es bewölkt oder nebelig ist. Doch gerade beim Höhepunkt dieser Balz fielen goldene Sonnenstrahlen durch eine Lücke im Nebelschleier. Wie ein Scheinwerfer beleuchteten sie die Szene. Mehr kann man sich nicht wünschen.

Das Washingtoner Artenschutz-Abkommen

Im März 1973 wurde eines der wichtigsten Abkommen geschlossen, das den Naturschutz auf der ganzen Erde durchsetzen will: Das sogenannte Washingtoner-Artenschutz-Abkommen. Es regelt den Handel mit gefährdeten Arten freilebender Tiere und Pflanzen sowie den Erzeugnissen aus diesen Arten (Elfenbein, Nashörner, Krokohäute, Schlangenleder, um nur einiges zu nennen). Über hundert Staaten haben das Übereinkommen bisher ratifiziert, darunter auch die Bundesrepublik. Selbst die einstige DDR unterschrieb es.

Alle gefährdeten Tier- und Pflanzenarten, die vom Washingtoner Abkommen erfaßt werden, sind in drei Listen eingeteilt. Diese Listen werden laufend ergänzt. Dazu findet alle zwei Jahre eine Konferenz der Vertragsstaaten statt. Da werden dann entweder neue Arten aufgenommen oder andere durch noch strengere Gesetze besser geschützt.

Die Liste 1 umfaßt alle direkt von der Ausrottung bedrohten Arten. Diese dürfen nur dann gehandelt werden, wenn die zuständigen Behörden der Ex- und Importländer dies genehmigen und wenn diese Arten oder deren Produkte nicht zu kommerziellen Zwecken veräußert werden.

Liste 2 enthält alle Arten, die von Ausrottung bedroht sein könnten, wenn der Handel nicht eingestellt wird. Oder wenn eine Nutzung von Tieren oder Pflanzen zur Ausrottung führen könnte. Sie dürfen nur mit amtlicher Genehmigung der Ursprungsländer gehandelt werden.

Die Liste 3 schließt alle Arten ein, die das entsprechende Land in seinem Hoheitsgebiet als gefährdet erklärt.

Die Balz der Paradiesvögel fällt in die Zeit des Monsuns, die je nach Höhenlage des Verbreitungsgebietes Anfang Juli oder Mitte August beginnt. Raggianaparadiesvögel haben als Balzplatz eine Baumkrone, auf der bis zu zehn Hähne jeweils einen Ast zum Balzen und Anlocken eines Weibchens besetzt halten.
Die Balz beginnt mit weittönendem, bellendem Rufen und Winken mit den Flügeln.

Meere, Inseln, Riffe

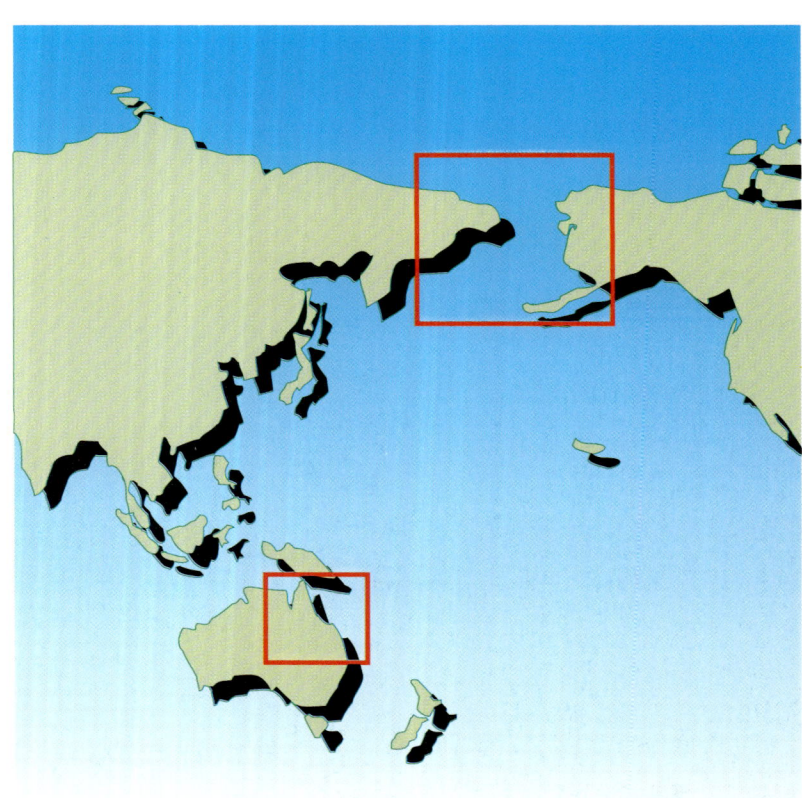

Im Nebelreich der Beringsee

Es gibt nur wenige Gebiete auf der Erde, die größeres fliegerisches Können und mehr Spürsinn des Piloten erfordern, als das Küstenland der Beringsee. Durch das Zusammenwirken von Japanstrom, Pazifischem Ozean und Eismeer herrscht hier an neun von zehn Tagen dichter Nebel. Unser Flug in dieses Nebelreich ging von Anchorage aus über die Alaskahalbinsel, vorbei an Gletschern

und dampfenden Vulkanen. Unser Ziel: Die seltenen Seeotter, die Pelzrobben, die Stellerschen Seelöwen und die Vogelwelt der Beringsee.

Das kleine Flugzeug wasserte vor der Insel Marmot, auf der wir unser Lager aufschlagen wollten, spuckte uns aus und flog wieder davon. Wir teilten uns am Fuße einer steil aufragenden Felswand ein kleines Zelt mit drei Forschern.

Die erste Seelöwenherde lagerte nicht weit entfernt. 1000 Tiere, ich hatte sie schon vom Flugzeug aus gesehen. Sofort nach der Landung wollte ich ihnen meinen Antrittsbesuch machen. Jan Vania, einer der Wissenschaftler, half mir beim Schleppen meiner schweren Geräte. Es ging über Stock und Stein - bis auf zwanzig Schritt an die ersten Tiere heran. Sie waren sehr zutraulich. Nur wenige Tiere robbten in die Brandung, kamen jedoch sogleich wieder zurück.

Sich ihnen zu nähern, war nicht ungefährlich, denn sie waren in der Brunft. Die riesigen Bullen haben Zähne wie Leoparden und ein Gewicht von fast einer Tonne. Jeder alte Bulle hat seinen Harem: 20 bis 30 Kühe, die er gegen alles und jedes verteidigt.

Gerade vor meiner Kamera kam ein Junggeselle aus dem Wasser. Für ihn würde es schwer sein, hier Fuß zu fassen. Die schon angelandeten frauenlosen Männchen vertreiben alles, was nach Konkurrenz ausschaut. Sofort heben alle ihre Nasen hoch; Seelöwenimponiergehabe. Der Eindringling verschwindet gleich wieder im Wasser. Vielleicht fand er anderswo sein Glück. Immer wieder filmte ich, wie ein Bulle sein Weibchen zärtlich umarmte, es auf die Schnauze küßte. Dann auf zur nächsten watschelte, dasselbe nochmal. Seelöwenbullen kommen manchmal wochenlang nicht zum Fressen, weil ihre vielen Weiber sie in Trab halten.

Oben, an der Uferzone, wo die Brandungswellen nicht hinlangten, entdeckten wir die Kinderstube der Herde. Hier warten sie alle zusammen, bis die Mutter mal kommt und sie säugt. Die Milch ist so nahrhaft, daß das Kleine fast eine Woche mit einer einzigen Mahlzeit auskommen kann. Die kleinen Seelöwen verbringen ihre Zeit mit Balgereien und Spielen. Kommt eine Seelöwen-Mutter auf den Kindergarten zu, ruft sie. Es antworten ihr zwar viele,

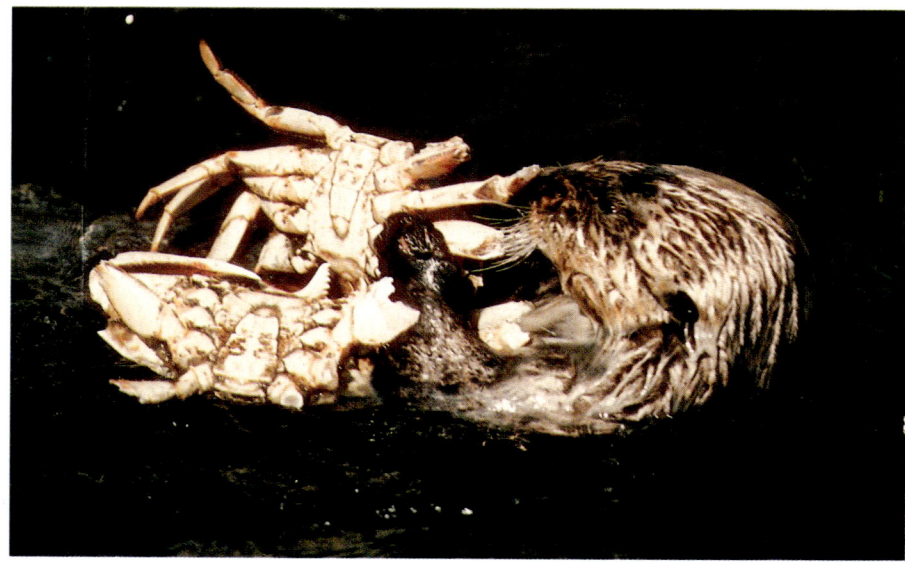

Foto ganz oben
Seeotter sind Feinschmecker. Ihre Lieblingskost sind die Krabben, dazu gehört auch die weltberühmte "King Crab", die Königskrabbe. In unserem Auffanglager gab es schließlich über zehn Seeotter, die vor ihrem Flug in die Freiheit reich beköstigt wurden.

Neben dem Zobel ist der Seeotter das wohl wertvollste Pelztier. Kein Wunder, daß ihm lange Zeit derart nachgestellt wurde, daß die Tiere kurz vor der Ausrottung standen. Durch umsichtige Schutzmaßnahmen hatten sich die Seeotter gebietsweise wieder so gut erholt, daß das Fish and Wildlife Department daran gehen konnte, Tiere einzufangen, um sie in Gebieten wieder anzusiedeln, in denen sie verschwunden waren. Ein Gebiet, in dem sie sich wieder gut vermehrt hatten, ist der Prinz-Wilhelm-Sund in Alaska. Ich hatte Gelegenheit, vor 25 Jahren an einer groß angelegten Fangexpedition teilzunehmen. Umso mehr erschütterte mich die Ölkatastrophe durch die Exxon Valdez, durch die Seeotter, Weißkopfadler und Wasservögel in erschreckend großer Zahl ums Leben kamen.

Die Pelzrobben im Nebelreich der Beringsee wurden wegen ihres wertvollen Haarkleides lange Zeit rücksichtslos verfolgt. Durch ein verantwortungsvolles Management des amerikanischen Fish and Wildlife Departments wird der Bestand der Pelzrobben kontrolliert und auf optimaler Bestandsstärke erhalten.

Im September lichten sich die Kolonien. Die Tiere beginnen dann eine unter Robben einmalige Wanderung nach Süden. Viele von ihnen ziehen bis zu fünftausend Kilometer an die Küste des südlichen Kaliforniens.

doch sie erkennt ihr Kind an der Stimme aus dem Haufen heraus. Sofort watschelt sie darauf zu, legt sich hin und läßt das Kleine saugen. So ausgiebig, daß man meint, es wird eine Kugel aus dem Kind. Aber es muß ja auch lange warten, bis die Milchbar wieder öffnet.

Drei Tage blieben wir bei den Stellerschen Seelöwen, dann ging's weiter nach St. Paul, der größten Pelzrobbenkolonie auf einer der Pribiloff-Inseln. Diese windgepeitschte, baumlose Inselgruppe liegt mitten in der stürmischen Beringsee. 1786 wurde sie von dem russischen Seefahrer Pribiloff entdeckt. Ein furchtbarer Raubbau an den Tieren begann. Erst 1911 wurde eine Abteilung der Küstenwache auf den Pribiloffs stationiert. Seitdem sind die Tiere geschützt, haben sich wieder vermehrt. Zwei Millionen Pelzrobben leben heute wieder hier.

Gleich bei unserer Ankunft hatte ich großes Glück: Ich konnte eine Pelzrobbengeburt aus der Nähe filmen. Verschiedene Weibchen um die Gebärende herum, stritten sich heftig. Es ging sichtlich um das Baby, das gerade erschien. Die Nachbarin versuchte, es an sich zu reißen. Während der Geburt muß eine Pelzrobbenmutter um ihr Junges kämpfen, sonst ist sie es los.

Das Kleine war gleich nach der Geburt erstaunlich aktiv. Es kam mit weit geöffneten Augen zur Welt, hatte ein ganz dünnes Fell und konnte sich gleich auf seinen Flossenfüßchen bewegen. Die Mutter schleppte es sofort weg, um es ungestört zu säubern.

Einige Tage blieb diese Pelzrobbenmutter bei dem Jungen, pumpte seine fette Milch in das Kleine. Eine Woche später sah ich die Dame sich schon wieder paaren. Der Bulle, "Strandmeister" genannt, ist mit seinem Harem von etwa 40 Weibchen so beschäftigt, daß er nicht mal alle befriedigen kann. Nach Wochen ist er so müde und schlapp, daß nichts mehr geht. Das ist die Chance für die Junggesellen unter den Pelzrobbenmännern.

Mein nächstes Ziel war die Insel Amtschitka, eine der Aleuten-Inseln. Hier wollte ich unbedingt meine Lieblingstiere, die Seeottern, filmen. Beim Flug auf diese Insel kamen wir vom stürmischen Wetter von St. Paul in wallenden Nebel. Gelegentlich konnten wir dazwischen Rauch aus tiefen Vulkankratern erkennen - eine bezaubernde Landschaft. Hier leben an die 30 000 der früher fast ausgerotteten Seeottern. Doch mein Versuch, sie in freier Wildbahn zu filmen, endete im Nebel. Seeottern verbringen ihr gesamtes Leben im Wasser. Fast aussichtslos, hier ein Boot zu besteigen oder mal freie Sicht auf die im Wasser treibenden Tiere zu bekommen. Also zurück nach Anchorage. Die Wissenschaftler des "Fish and Wildlife" wollten Seeottern fangen, um sie im Rahmen eines Auswilderungsprojektes an Küsten auszusetzen, von denen sie vor langer Zeit verschwunden waren.

Auf dem Rückflug machten wir für zwei Tage in Cordova Halt, einer kleinen Ortschaft an der herrlich schimmernden Gletscherküste. Es war Lachsfang-Saison - und der kleine Hafen war mit Fischkuttern vollgestopft. Wir stiegen um auf eine Cessna 185 mit Schwimmern. Wir wollten auf der kleinen Insel Wilby landen, um Seeottern zu filmen.

Das Nebelreich der Beringsee ist auch ein Paradies für Wasservögel. Immer wieder sahen wir sie auf den steilen Uferklippen der Küste oder auf reinen Vogelfelsen im Meer sitzen und brüten. Alken und Lummen kommen Jahr für Jahr zu ihren Nestern zurück, Trottellummen und Dickschnabellummen nisten einträchtig zusammen.

Sanft setzte die Cessna auf dem Wasser auf, tuckerte ans Ufer, wo uns schon Jan Vania erwartete. "Genügend Seeottern hier!" sagte er. Gleich am ersten Tag fuhren wir mit einem Boot hinaus.

Der Seeotter ist mit unseren Fischottern verwandt. Beide gehören zu den Wassermardern. Sie werden etwa 1,20 Meter groß, 30 Kilo schwer und ernähren sich überwiegend von Seeigeln. Doch sie verabscheuen auch die wesentlich leckereren Krebse und Krabben nicht, zu denen sie bis zu 60 Meter tief hinabtauchen. Sie sind sehr empfindliche Tiere.

Für die gefangenen Tiere hatte Jan einen Drahtkäfig gebaut, 4 x 5 Meter Durchmesser, mit 50 Zentimeter breiten Planken umrandet. Auch nach unten gab es nur Drahtgitter, damit die Exkremente absinken können, was für die Gesundheit der im Käfig eingefangenen Tiere äußerst wichtig war.

Ich ging vorsichtig auf den Laufsteg des schwimmenden Käfigs und war entzückt von dem vertrauten Verhalten der Seeotter. Sie trieben gemütlich in Rückenlage auf dem Wasser und sahen uns an. Ich hielt einem mein Mikrophon vor den Kopf, weil Seeottern unermüdlich "reden". Patsch - packte er es und beäugte es vor seiner Nase, biß hinein: ungenießbar! Mein Mikro war verloren, aber der Anblick war unbeschreiblich.

Um bessere Aufnahmen zu bekommen, wollten wir die Ottern mit ihren Lieblingsspeisen füttern: Krebse und Krabben. Ich ging ganz nah heran mit meiner Kamera. Eine Seeotter-Mama mit ihrem Kleinen, das sie bisher fest im Arm gehalten hatte, schnappte sich eine große Krabbe, drehte sich auf den Rücken und legte das Kleine neben sich ins Wasser. Die Mutter fraß diese Krabbe auf beinahe menschliche, sehr anmutige Weise: Sie servierte sich die Mahlzeit praktisch auf der Brust, die kleinen Pfoten zerlegten die Krabbenbeine fachmännisch. Klein-Otter grabschte sich die besten Bissen. Krümelten zu viele Schalen auf den Bauch, drehte sich die Otterdame elegant um ihre Achse und spülte sie so fort.

Um festzuhalten, wie Ottern fressen, wenn sie Werkzeuge gebrauchen, gaben wir ihr eine große Muschel und einen Stein. Sofort legte sie sich den Stein auf den Bauch und schlug die Muschel so kräftig darauf, wie ein Hammer auf den Amboß, bis die Muschel offen war.

Fünfzehn Tiere hatte Jan Vania gefangen. Ich filmte Szenen, die im Freiland kaum möglich waren. Dann machten wir uns wieder auf die Reise.

Das Große Barrier-Riff

Wo im Lauf der Jahrmillionen die Küste des nordöstlichen Australiens im Pazifischen Ozean versank, sind Myriaden von Korallen am Werk gewesen, um das "Große Barrier-Riff" zu bauen. Das gesamte, von Korallen bedeckte Seegebiet, nirgendwo tiefer als 50 Meter, hat eine Ausdehnung von etwa 200 000 Quadratkilometern. Ganz England und Schottland hätten Platz darin. 2200 Kilometer lang und 100 Kilometer breit liegt es wie eine Barriere vor der Nordostküste Australiens.

Zwischen der Küste und dem Riff

Beim Überfliegen der Korallenbänke erkennen wir, daß sich die Bänke nur an wenigen Stellen über das Wasser erheben. Das riesige Große Barrier-Riff vor Australien beherbergt vielgestaltige und farbenprächtige Lebensgemeinschaften von Meerestieren. Korallen leben in allen Tiefenschichten der Ozeane. Riffbildende Korallen finden sich aber nur in flachen, tropischen Meereszonen, in denen die Wassertemperatur selten unter 20 Grad C absinkt.

Es gibt Korallen in den verschiedensten Formen und Farben. Der äußere Steilabfall eines Korallenriffs zeigt die Fülle des Lebens, wie sie für das Riff als Lebensraum kennzeichnend ist. Ein Korallenriff ist ein idealer Lebensraum für Fische, Seeigel und andere Organismen, die größtenteils auffällig gefärbt und bizarr gestaltet sind. Beim Hinabtauchen in ein Riff kommt man sich so vor wie bei einem Besuch in einem großen tropischen Aquarium.

Fliegende Fische ähneln Heringen in Farbe, Gestalt und Größe. Sie können ihre riesigen Brustflossen nicht wie ein Vogel oder ein Schmetterling bewegen, sie benutzen sie nur als Gleitflächen. Vor dem Gleitflug schwimmen sie mit aller Kraft in erhöhter Geschwindigkeit, bis die zum Gleitflug benötigte Geschwindigkeit erreicht ist. Die durchschnittliche Fluggeschwindigkeit wird mit 55 Stundenkilometern angegeben. Dabei legen sie Weiten bis zu 50 Metern zurück in einer Flugzeit von 3 Sekunden.

Die eben geschlüpften Meeresschildkröten sind extreme Nestflüchter. So schnell es ihre winzigen Flossenfüßchen erlauben, strampeln sie durch einen halben Meter Sand ihrer "Brutkammer" an die Oberfläche. Durch einen angeborenen Orientierungssinn gelangen sie auf kürzestem Weg zum Meer. Es sind Minuten höchster Gefahr. Möwen, Fregattvögel, Rabengeier, Nasenbären lauern ihnen auf. Haben sie aber das Meer erreicht, warten dort viele andere Feinde, wie große Krabben und Fische. Sie alle stürzen sich auf die zunächst nur fingerlangen, weichschaligen Jungtiere. Erst wenn ein harter Panzer die heranwachsenden Schildkröten schützt, haben die bis dahin stets drohenden Gefahren ein Ende.

Haie gehören zu den faszinierendsten Geschöpfen der Meere. Ihre torpedoähnliche, vollendete Gestalt, der auf Menschen tückisch wirkende Blick, haben dazu geführt, daß sie von rücksichtslosen Schriftstellern ebenso disqualifiziert wurden, wie etwa der wegen seiner Größe und Kraft so eindrucksvolle Gorilla. Tatsache ist, daß pro Jahr auf der ganzen Welt insgesamt nur 30 bis 50 Angriffe von Haien auf Menschen gemeldet werden, die dann jedesmal durch die Weltpresse gehen. Dabei verläuft nur rund ein Drittel der Angriffe tödlich.

Foto: Sigurd Tesche

Die großen Grünen Meeresschildkröten kommen von Oktober bis Februar vor allem nachts auf die Koralleninseln des Barrier-Riffs, um ihre Eier in selbstgegrabenen Gruben abzulegen. Insgesamt gibt es hier drei Arten von Meeresschildkröten. Neben der Großen Grünen, die Karettschildkröte und die sogenannte Unechte Karettschildkröte. Die Grünen Meeresschildkröten haben eine Länge von 1,2 Metern und ein Gewicht von mehreren Zentnern. Wegen ihres schmackhaften Fleisches wurden sie früher in Massen erschlagen. Heute sind sie vor allem im Bereich des Barrier-Riffs streng geschützt.

Foto unten links
Dieses zauberhafte Gebilde ist eine Seeanemone, die sich auf einem Korallenblock angesiedelt hat. Sie gleicht einem Strauß von Frühlingsblumen in einer schimmernden Porzellanvase. Die Seeanemonen, ebenso Horn-, Leder- und Steinkorallen, gehören zu dem großen Reich der Blumentiere.

Foto unten links
Je tiefer man an einem Riff hinabtaucht, desto geringer die Verbreitung von Fischen, Korallen und Meeresvegetation. Im Zehnmeterbereich lebt der attraktivste aller Riffbewohner, der fächerschwingende Rotfeuerfisch. Wie ein großer Schmetterling schwebt und gaukelt der faszinierende Fisch einher. Taucher müssen auf Abstand halten. Die Rückenstacheln des Rotfeuerfisches sind giftig, wer sie berührt, spürt stechenden Schmerz.

verläuft ein tiefer Meeresarm. 60 bis 80 Kilometer breit.

Das Barrier-Riff gehört zu den "späten" Entdeckungen im Südmeer. Captain Cook, der berühmte Seefahrer, machte 1770 die ersten schlechten Erfahrungen mit dem Riff, die der Nachwelt bekannt wurden. Er lief mit seiner "Endeavour" bei Nacht gegen ein Korallenriff, wobei die Masten über Bord gingen. Doch der Korallenblock war abgebrochen und im Schiff steckengeblieben. Das rettete ihn und die Mannschaft. Der Korallenblock ist noch heute im Geburtshaus des Captain Cook zu bewundern.

Wir sind hinabgetaucht zu den scharfen Korallenriffen vor der Küste Australiens. Mit der Unterwasserkamera fingen wir ein, was Schiffsfahrer wie Cook zu entsetzlichen Warnungen an andere Schiffer veranlaßte: Die scharfen Kanten, die Schluchten, Täler und Höhlen der Korallenberge.

Diese größten Bauwerke auf der weiten Welt wurden von winzig kleinen Tieren geschaffen. 40 000 von ihnen wiegen noch nicht mal ein Pfund. Sie haben Millionen von Jahren für die Herstellung dieser Wunderwerke gebraucht. Und die Arbeit geht weiter, Tag für Tag.

Koralleninseln sind eigentlich kalkige Skelette winziger Polypentiere. Als sie noch am Leben waren, "wuchsen" sie in großen Kolonien in abgestorbenen Hüllen anderer Polypentierchen. Milliarden, Billiarden lebten in enger Nachbarschaft, ohne ihre festgewachsene Stelle je verlassen zu können. Polypentiere haben kleine bewegliche Fangarme, mit denen sie vorbeischwimmende Nahrung auffischen und in ihren Polypenschlund wedeln. Jede Skelettschicht abgestorbener Korallentierchen dient der nächsten Generation als Verankerung für das eigene Wachstum. So entstanden, Schicht für Schicht, die Korallenriffe, stiegen empor bis an die Meeresoberfläche. Dann war die Reise zu Ende. Ohne Wasser starben alle Polypentiere ab. Es gibt Koralleninseln, die ein wenig aus dem Wasser ragen, dafür mehr als tausend Meter in die Tiefe reichen.

Georg Theilacker, ein erfahrener Taucher, wagte sich bis zu 50 Meter unter Wasser, nur um zu sehen, was in dieser Tiefe noch lebte.

Auf jeder Etage, die er tiefer ging, traf er eine andere Umgebung an, andere Korallen. Steingärten, reich mit Seeanemonen ausgestattet, segelnde Quallen oben, wo noch Licht ins Wasser fällt. Nach 20 Metern schon Halbdunkel, bei 30 Metern Tiefe nur noch Schatten. Selten Kolonien von Korallen. Riffkorallen brauchen Licht und Wärme zum Leben. Zwischen 25 und 30 Grad Celsius gedeihen sie am besten. Ab 40 Meter Tiefe entdeckt man nur noch vereinzelt lebende Korallen. Dafür begegneten einem jetzt Haie, große Rochen, herrliche Feuerfische mit ihren giftigen Stacheln, Schildkröten.

Phantastische Farben und seltsamste Formen, wohin das Auge reicht. Botanische Gärten unter Wasser, tropische Dschungel in Gebirgen aus Korallenkalk. Schwärme grellbunter Fische, die in alle Richtungen jagen. Ein ganzes Leben würde nicht ausreichen, das Barrier-Riff lückenlos abzulichten und zu erforschen.

Aus den Tiefen des Meeres stiegen wir an Land. Das heißt, auf die paar Flecken, die aus dem Wasser ragen. Manche dieser Korallenbänke waren "besiedelt": Aus Samenkörnern im Kot der Vögel, die darüber flogen, oder von Wellen angeschwemmt, hatte sich eine Vegetation entwickelt: Gräser, niederes Buschwerk, bis hin zu Wäldern aus Palmen. Je älter der Korallengrund, desto höher der Bewuchs. Sogar tropischer Dschungel wuchert in manchen windgeschützten Buchten einzelner alter Riffe.

Wirklich! Das Barrier-Riff läßt an vielen Beispielen jeder Entwicklungsstufe deutlich erkennen, wie sich einst kahle Kalkplatten in grüne Inseln verwandelten. Zu ihren "Füßen" allerdings, tief unten im Meer, gestrandete Schiffe, die an den scharfkantigen Rändern dieser Gebirge ihr Ende fanden.

Korallenriffe

Für den WWF hat der Schutz der Korallenriffe hohe Priorität. Sie spielen nicht nur im Küstenschutz eine große Rolle, sie sind auch Lebensräume mit einer hohen Artenvielfalt. Nach den tropischen Regenwäldern gehören sie zu den artenreichsten Ökosystemen! An, in und von Korallenriffen leben 2/3 aller mariner Fischarten.

Tierparadiese der Antarktis

Vor Millionen von Jahren formten Wind und Wellen nach dem Auseinanderdriften der Kontinente die Antarktis in den südlichen Polarmeeren. Ein Land von überwältigender Schönheit: Glitzernde Eisfelder, mächtige Gletscherströme, blauschimmernde Eisberge. Im Frühling taut die Pracht ein wenig ab - frei werden felsige Küsten, mit Flechten bewachsene Klippen. Eisschollen treiben im Wasser. Ein Paradies für Pinguine, Robben und Seevögel.

Die Antarktis ist der gebirgigste und kälteste Kontinent der Erde. Mit ihren 14 Millionen Quadratkilometern ist sie eineinhalbmal so groß wie Europa. Ihr Eispanzer ist bis zu zwei Kilometer dick und speichert 80 Prozent der weltweit vorhandenen Süßwasservorräte. Im Gegensatz zur Arktis ist die Antarktis ein vom Meer umschlossener Kontinent, die kälteste und unwirtlichste Region der Erde. Minus 89,6 Grad war die tiefste Temperatur, die man dort gemessen hat. Das umgebende Meer gehört zu den lebensreichsten Gewässern der Welt. Der ungeheure Planktonreichtum der kalten mineralreichen oberen Wasserschichten ist Lebensgrundlage für den Krill, der Hauptnahrung für Wale, Fische, Pinguine, Robben und Seevögel.

Ich verbrachte drei Wochen auf diesem eisigen Kontinent, den der Seefahrer James Cook 1775 entdeckt hat.

Zur Abwechslung fuhren wir mal auf einem Luxusdampfer mit bequemen Kabinen. Die "World Discoverer" ist für Polarexpeditionen besonders ausgestattet: Mit eisenverstärktem Bug und Rumpf, mit einer eigenen Flotte von Zodiaks, aufblasbaren Schlauchbooten, mit denen man Inseln, Buchten und Strände erreichen kann, die sonst nicht zugänglich sind.

Die Reise ging von Punta Arenas im Süden Chiles vorbei an Kap Hoorn durch die Roaring Fourties und die Wild Fifties, die stürmischsten Gebiete der Erde. Dann über die Drake-Passage zur Antarktischen Halbinsel. Von dort durch den landschaftlich besonders reizvollen Lemaire-Kanal zu den Vogelparadiesen von Deception, Nelson- und Elephant-Island bis Süd-

Unser Expeditionsschiff, die World Discoverer, brachte uns in den stürmischsten Gefilden der Erde bei Windstille ins Tierreich der Antarktis, so daß wir die Möglichkeit hatten, die menschenfernen, tierreichen vorgelagerten Inseln des 6. Kontinents gefahrlos in Schlauchbooten zu besuchen. Hier eine Kolonie der Adeliepinguine.

Eselpinguine, sie heißen so wegen ihrer eselähnlichen Rufe, bauen ihre Nester ebenso wie die Adeliepinguine in Ermangelung jedweder Vegetation aus kleinen Steinchen, die sie nach der Paarbildung oft von weither herantragen. Die Steintürmchen, in die sie die Eier legen, bieten einen vortrefflichen Schutz gegen Schneegestöber, die im antarktischen Sommer jederzeit hereinbrechen können.

Von der subantarktischen Insel Süd-Georgien sagt man, daß sie neben Galapagos und der Serengeti das faszinierendste Tierparadies auf Erden sei. Es gibt dort sechs Pinguinarten, drei Arten Albatrosse, viele andere Seevögel, die riesigen Seeelefanten, Seeleoparden und viele Wale. Als James Cook die Insel 1775 entdeckte, schrieb er in sein Bordbuch: "Ein von der Natur verdammtes Stück Erde, das niemals die Wärme der Sonnenstrahlen spürt, sondern begraben liegt unter ewigem Eis und Schnee, eine Insel, deren Schrecken und Wildheit zu schildern mir die Worte fehlen." Nun, James Cook hatte offenbar Pech mit dem Wetter. Ich hatte Glück und erlebte Süd-Georgien wetterbegünstigt als Paradies.

Georgien. Der Ozean, so kalt er ist, ist dort überaus nahrungsreich, bietet den Vögeln alles, was sie brauchen. Die vorgelagerten kleinen Inseln sind die besten Brutplätze und Ruhezonen zum Aufziehen der Jungen.

Am faszinierendsten jedoch fand ich die "Vögel im Frack", die Pinguine. Sieben Arten leben am Südpol: Die Kaiserpinguine, Königspinguine, Adeliepinguine, Felsenpinguine, Goldschopfpinguine, Eselpinguine und Zügelpinguine. Die erstaunlichste Anpassung an die extreme Kälte der Antarktis zeigen die Kaiserpinguine, die Riesen unter den "Eisvögeln", die nicht fliegen können. Kaiserpinguine werden über einen Meter groß und wiegen bis zu 60 Kilogramm. Sie beginnen im Herbst mit dem Brutgeschäft - und haben auch da eine erstaunliche Methode. Das Weibchen legt ein einziges Ei, oft weit entfernt vom Meer. Es läßt sein Ei einfach liegen und watschelt wieder zurück zum Wasser, um auf Nahrungssuche zu gehen. Das Ausbrüten besorgen die Männchen. Sie legen sich das Ei auf die Füße. Das empfindliche Ei ist von einer dichtbefiederten Bruttasche eingehüllt, damit es nicht erfriert. Sie stehen dann Rücken an Rücken, die Hinterseite den eisigen Stürmen zugewandt, etwa drei Monate unbeweglich und ohne Nahrung auf einem Fleck. Erst wenn die Jungen schlüpfen, kehren die Weibchen - vollgefressen - zurück, um den Nachwuchs weiter zu betreuen. Jetzt verlassen die Männchen endlich den Brutplatz, um im Meer nach Nahrung zu tauchen.

Interessant sind auch die Adeliepinguine. Sie gehören zur Gattung der "Besenschwänze", denn alle haben lange Schwanzfedern, die wie ein Besen hinten abstehen. Adelies nisten am Südpol in über hundert Kolonien, von denen einige Millionen Paare haben.

Auch der Eselpinguin gehört zur Sorte der "Besenschwänze". Adelie- und Eselpinguine werden an die 70 Zentimeter hoch und vielleicht 30 Kilo schwer. Den Namen haben die Eselpinguine von ihren Rufen, die wie "i-ah" klingen. Man kann sich gut vorstellen, was das für ein Lärm auf den Brutplätzen ist. Da geht's oft zu wie auf einem Fußballplatz.

Auch der Zügelpinguin gehört zu den Besenschwänzen. Mit denen hätte ich beinahe mein "blaues Wunder" erlebt. Wenn man ihnen zu dicht auf den Pelz rückt - was beim Filmen leicht der Fall ist, da sie sehr zutraulich sind -, dann greifen sie an. Und zwar mit "Handkantenschlägen" gegen das Schienbein. Ihre Flügelkanten sind härter als jede Handkante eines Karatemeisters. Wir konnten uns gerade noch mit einem Sprung retten.

Schopfpinguine sind mit vier Arten die häufigste Gattung. Sie sind viel kleiner als die "Besenschwänze" und leicht an den gelben Büscheln am Kopf zu erkennen. Sie verbringen die meiste Zeit im Wasser, unternehmen weite Seereisen. Erst im Frühling kehren sie zum Brutgeschäft zurück. Felsenpinguine bevorzugen Nistplätze, an denen die Temperatur möglichst immer die gleiche bleibt, also im Geröll, dicht an den Felsen, die etwas vor der Witterung schützen.

So schwerfällig die Pinguine an Land erscheinen, die flugunfähigen Vögel "fliegen" unter Wasser. Ihre Flügel sind zu Flossen umgewandelt, die den Körper so kraftvoll vorantreiben, daß sie eine Geschwindigkeit bis zu 40 Stundenkilometer schaffen. Vor allem, wenn ihr größter Feind, der Seeleopard, sie jagt, versuchen sie mit "Delphinsprüngen" zu entkommen. Und in jagendem Tempo schwimmen sie aufs Land zu, bremsen das Tempo nicht ab, sondern katapultieren sich mit einem Zweimetersprung an Land oder auf eine Eisscholle.

Die vorgelagerten Inseln der Antarktis sind auch die Heimat einiger Albatros-Arten. Am eindrucksvollsten: Der Wanderalbatros mit einer Flügelspannweite von 3,20 Metern. Er ist der größte gefiederte Segelflieger. Eindrucksvoll auch sein Fortpflanzungsgeschäft. Wanderalbatross-Paare brüten ihr einziges Ei abwechselnd aus -

Je mehr Menschen, umso weniger Natur, so müssen wir immer wieder erkennen und bedenken. Die Antarktis, vor allem ihre vorgelagerten Inseln, sind heute noch ein vom Menschen unbeeinträchtigtes Paradies. Aber auch hier gab es bereits Unfälle mit Ölcontainern, nicht so katastrophal wie die Katastrophe im Prinz-Wilhelm-Sund von Alaska. Hoffen wir, daß die Bemühungen erfolgreich sein werden, den sechsten Kontinent, die Antarktis, zu einem Weltnaturpark zu machen und ihn vor wirtschaftlicher Ausbeutung zu bewahren.

insgesamt 77 bis 81 Tage. Erst nach neun Monaten ist das Junge flugfähig. Die Vögel nisten deshalb nur jedes zweite Jahr. Doch diesen spärlichen Kindersegen gleichen sie durch ihr hohes Alter aus: Sie werden 50 Jahre alt.

Das Verbreitungsgebiet der Albatrosse liegt in den südlichen Meeren um den 40. Breitengrad, wo eine ständige west-östliche Winddrift herrscht, mit Geschwindigkeiten von 10 bis 50 Knoten. Albatrosse segeln hier um die ganze Welt - und zwar in den berühmten 80 Tagen. Durch Beringung hat man festgestellt, daß sie an die 380 Kilometer pro Tag schaffen. Um den 40. Breitengrad ist der Erdumfang etwa 30 000 Kilometer, also schaffen sie die 80 Tage leicht.

Seit James Cook über die Massen von Robben schrieb, die er auf diesem "verdammten Stück Erde" sah, kamen mehr und mehr Händler und Tierfänger zum Südpol. Bis 1880 wurden an den Stränden der Inseln über 10 Millionen Pelzrobben gemordet, bis sie fast ausgerottet waren. Das nächste Opfer waren die Seeelefanten, aus deren Körpern Öl gekocht wurde - und zwar mit dem Fett von Pinguinen. Bis zum Ende dieses Jahrhunderts war auch diese Geldquelle fast ganz versiegt. Die Zeit der Walfänger brach an. 1904 wurde Grytviken, die erste Walfängerstation gegründet. Auch dieses Geschäft betrieb man solange, bis fast keine Tiere mehr da waren. Allein der Blauwal wurde von circa 20 000 auf gerade noch 6000 dezimiert.

Es ist ein Wunder, daß trotz all der erschlagenen und erschossenen Tiere in Millionenhöhe alle Arten, die es zu Cooks Zeiten gab, überlebt haben.

Die vorgelagerten Inseln der Antarktis, die stürmischsten Gebiete der Erde, sind auch die Heimat der meisten Albatrosse. Besonders eindrucksvoll ist der größte, der Wanderalbatros. Mit einer Flügelspannweite von 3,20 Metern übertrifft er noch den Kondor der Anden und ist der größte Segelflieger. Ungewöhnlich auch das Fortpflanzungsgeschäft. Wanderalbatrosse brüten das einzige Ei abwechselnd 77-81 Tage. Acht bis neun Monate dauert es, bis das Junge flugfähig wird. Das hat zur Folge, daß die Vögel nur jedes zweite Jahr nisten. Den geringen Nachwuchs gleichen sie aber durch ihr hohes Alter aus, sie werden 50 Jahre alt. Für mich war es ein großes Erlebnis, am Horst dieses schwanengroßen Wanderalbatrosses aus nächster Nähe Aufnahmen machen zu können.

Antarktis

Der WWF fordert einen Weltpark Antarktis mit umfassenden und weitreichenden Schutzmaßnahmen. Dazu gehören:
- Ein dauerhaftes Abbauverbot von Rohstoffen auf dem Kontinent und im antarktischen Meer
- Kein weiterer Ausbau der bestehenden Forschungsstationen und die Koordination der wissenschaftlichen Aktivitäten in der Antarktis
- Der Schutz der biologischen Meeres-Ressourcen vor Übernutzung
- Die strenge Kontrolle des Tourismus in der Antarktis

Seeelefanten sind die größten Robben der Erde. Der Bulle wird sechs Meter lang und erreicht ein Gewicht von 3500 kg, das sind 1 1/2 Tonnen. Die Weibchen sind nur halb so groß und nur ein Viertel so schwer. Auf Süd Georgien wurden bis 1880 über 10 Millionen Pelzrobben erschlagen. Das nächste Opfer waren die Seeelefanten, aus deren Körpern Öl gekocht wurde. Tag und Nacht brannten die Öfen, die mit dem Fett zahlloser Pinguine beheizt wurden. Bis zum Ende des letzten Jahrhunderts versiegte auch diese Profitquelle, und dann machte man sich an die Wale heran. 1904 wurde Grytviken gegründet und zum Hauptquartier der Walvernichtung. Ein Norweger namens Sven Foyn hatte 1864 eine Harpune erfunden, die im Körper der Wale explodierte, und das setzte eine einmalige Tötungsindustrie in Gang.

Das Hochland Die Alpen

Der Wald

Etwa die Hälfte der Fläche unserer Alpen ist mit Wald bedeckt. Ohne diesen Schutz wären die Täler, Schluchten und Ebenen den Lawinen und Hochwässern ausgeliefert.

Seitdem die ersten Bäume vor mehr als 400 Millionen Jahren das Festland eroberten, haben sich die Wälder unseres Planeten immer wieder veändert. Man nimmt an, daß die ersten Bäume

nicht einmal einen Meter hoch waren, daß sie einen winzigen Stamm und noch keine richtigen Blätter hatten, aber bereits ansatzweise eine Holzstruktur aufwiesen. Schon vor 350 Millionen Jahren hatten sich riesige Wälder gebildet. Nicht solche, wie wir sie heute kennen. Es waren Ansammlungen farnartiger Bäume, deren Stämme bis zu einem Meter im Durchmesser dick und bis zu zwölf Meter hoch werden konnten. Versteinerte Teile davon, die in der gesamten Nordhalbkugel der Erde gefunden wurden, lieferten uns den Nachweis. In der Zeitabfolge gab es dann die Callixylon, eine frühe Verwandte der heutigen Koniferen, die einen Stammdurchmesser von gut zwei Metern erreichte. Nach ihnen gab es die Schuppenbäume auf der Erde, die schon dreißig Meter hoch wurden. Und noch ein Baumtyp stach riesengroß hervor: der Riesenschachtelhalm, der bis heute in der Form des kleinen Schachtelhalmgewächses überlebt hat.

Vor gut 280 Millionen Jahren entstanden und verschwanden viele Wälder, deren verrottete Bestandteile sich unter Druck in Kohleschichten verwandelten. Als dann vor rund 200 Millionen Jahren die ersten warmblütigen Säugetiere auf der Erde erschienen, übernahmen die riesigen Koniferen die Herrschaft in den Wäldern. Und erst vor 60 Millionen Jahren wurden sie von einem anderen Baumtyp verdrängt: den breitblättrigen, blütentragenden Laubbäumen, die sich schließlich als großräumige Ökosysteme über die ganze Erde ausbreiteten.

Von jeher wurden die Bäume und die Wälder von Tieren bevölkert. Zuerst waren sie nur erfüllt vom Gesumm urtümlicher Insekten, von denen manche eine Flügelspannweite von 70 Zentimetern hatten. Vor 60 Millionen Jahren dann wurden die Waldtiere artenreicher: es gab primitive Igel, spitzmausartige Tiere und Vorläufer der heutigen Beutelratten. Vor 20 Millionen Jahren entwickelten sich verschiedene faultierartige Arten, deren Nachfahren in Südamerika als Gürteltiere, Ameisenbären und Faultiere bis heute überlebt haben. Dann erschienen die Vorläufer der Katzen, Eichhörnchen, Biber, Tapire, Nashörner und anderer Waldbewohner. Die Tierwelt des Waldes begann, ihre heutige Gestalt anzunehmen.

Der Mufflon, die Stammform des Hausschafes, war einst auch in Mitteleuropa weit verbreitet. In freier Wildbahn lebt es heute in Bergwäldern von Korsika und Sardinien, von wo aus es im 20. Jahrhundert in vielen Waldungen Europas wieder eingebürgert wurde. Der etwa rehgroße Widder wird bis zu 40 kg schwer. Sie meckern und blöken ähnlich wie Hausschafe. In der Brunftzeit, von Oktober bis Dezember, vollführen die Widder gelegentlich heftige Rivalenkämpfe, bei denen sie kraftvoll die Gehörne, die Schnecken, gegeneinander schlagen.

Wälder boten von Anfang an Schutz gegen Wind, Regen, Hitze und Sonne. Sie fangen die Niederschläge auf und speichern Süßwasser, gehören zu den erfolgreichsten natürlichen Lebensgemeinschaften. Keine Vegetationsform ist so mannigfaltig und keine ist so schnell im Schwinden begriffen. Nur noch wenige Waldlandschaften haben ihre Urtümlichkeit, die ursprüngliche Flora und Fauna bewahrt. Die Wälder sind Regulator für den Wasserhaushalt, versorgen die Quellen das Jahr über mit Wasser.

Doch nicht mehr lange. Wenn wir so weitermachen, Straßen, Skipisten und Hubschrauberlandeplätze immer höher legen, für Skipisten und Lifte kostbare Bäume abholzen, dann werden Naturkatastrophen wie Lawinen, Bergrutsche, Schlammflüsse, die alles zudecken, was der Mensch gebaut hat, immer häufiger. Bei uns kommt noch eine Gefahr dazu: der überhöhte Wildbestand macht in vielen Gegenden eine Verjüngung des Waldes unmöglich, weil die frischen Triebe gefressen werden.

Diese schöne, hochbeinige Wildkatze ist durch die Fellfarbe, den Backenbart und an den Pinselohren leicht zu erkennen. Schon Mitte des vorigen Jahrhunderts wurde der Luchs in unseren Wäldern ausgerottet. Heute bemüht man sich an mehreren Stellen um eine Wiedereinbürgerung. Der starke Beutegreifer lebt in erster Linie von Rehen, Rotwildkälbern, Kleinsäugern und Vögeln. In passenden Revieren kann der Luchs ein wertvoller Regulator des Wildbestandes sein, zugleich eine dienliche Gesundheitspolizei.

Die Alpen

Die Alpen sind für alle, die die Hochgebirge dieser Welt kennen, das schönste Gebirge. Natürlich gibt es höhere: die Anden, den Himalaya, das Karakorum. Aber an Vielgestaltigkeit, an Dramatik und Farbigkeit nehmen es die Alpen mit allen auf.

Was sie so herrlich macht, ist die Vielfalt der Landschaft in den verschiedenen Höhenlagen. Wir haben hier von unten nach oben: Wiesen, Wald, Taiga, Tundra, Fels und Firn und die Arktis. Übereinander!

Der Alpenraum hat eine lange Geschichte. Vor hundert Millionen Jahren war hier noch Ozean. Vor neunzig bis siebzig Millionen Jahren begann eine dramatische tektonische Bewegung der Felsgebilde. Der Ozean verschwand in der Tiefe, die Felsen drückten sich aneinander hoch und formten das heutige Gebirge. Die Eiszeit mit ihren Gletschern formte Rinnen und steile Felskanten, veränderte Gipfel und Täler noch einmal.

Vor 10000 Jahren endete die letzte Eiszeit. Sie hinterließ kahle Felsen und dicke Eisdecken. Das Eis schmolz - auf den frei werdenden Flächen siedelten sich zunächst niedere Flechten und Moose an, dann Kräuter, Gräser, schließlich Blütenpflanzen, Bäume,

Foto Seite 146/147
Unsere beiden Hirscharten, der Rothirsch und das Reh, sind in unseren Wäldern häufiger denn je anzutreffen. Das liegt daran, daß die natürlichen Feinde, wie Wolf, Luchs und Bär fehlen. Hinzu kommt die teilweise immer noch erhebliche Hege. Bei dem Bemühen, heute Fichtenmonokulturen durch Mischwald abzulösen, muß der Bestand des Waldes den landschaftlichen Gegebenheiten entsprechend angepaßt werden. Nur so kann verhindert werden, daß der Hirsch durch das sogenannte Schälen am Waldsterben mit beteiligt ist.

In den nacheiszeitlichen Wäldern hat sich vom Wisent eine Waldform erhalten und in eine Flachlandform und eine Gebirgsform entwickelt. Als eine letzte Herde von Flachlandwisenten in den Urwäldern von Bialowieca in Polen nach dem ersten Weltkrieg ausstarb, züchtete man aus den letzten, in zoologischen Gärten und in Privatgattern lebenden Tieren neue Wisente, die man 1956 in Bialovieca und in weiteren Schutzgebieten aussetzte. Im Gegensatz zu dem größeren europäischen Wildrind, dem Aueroxen, ist es durch Gehegezucht gelungen, den Wisent vor dem Aussterben zu bewahren.

Steinböcke sind größer und stärker als Gemsen. Der Bock ist bis zu 120 kg schwer. Beide Geschlechter tragen ein Gehörn. Das der Böcke ist aber viel länger und stärker, es erreicht eine Länge von einem Meter. Steinbock und Hausziege kreuzen sich, obgleich die Hausziege nicht vom Steinbock, sondern von der Bezoarziege abstammt. Im Sommer leben die Steinböcke in der kühleren Klimazone bis zur Schneegrenze. Im Winter ziehen sie sich in tiefere Lage, an den Rand der Waldzone zurück. Weibchen und Jungtiere bilden außerhalb der Brunftzeit spezielle Rudel. Wie auch die erwachsenen Böcke in Männerrudeln zusammenleben, bis von November bis Januar die Brunft stattfindet.

Mischwald. Die Pflanzenwelt, wie wir sie heute in unseren Alpen sehen können, ist noch jung. Erst vor rund 3000 Jahren entwickelte sich diese Vielfalt der Arten. Zu einer Zeit, als hier längst Menschen siedelten.

Möchte man sich eine Landschaft, wie die der Alpen, im Flachland anschauen, müßte man vier- bis fünftausend Meter von hier nach Norden wandern. Bis in die Arktis. Die gleichen Klimazonen und und die gleichen unterschiedlichen Lebensbereiche für die Pflanzen! In den Alpen viertausend Meter nach oben!

Je weiter man den Berg nach oben kommt, desto mehr sinkt die Temperatur. Alle hundert Meter um 0,5 Grad Celsius. Jedesmal verändert sich die Wachstumszeit für die Pflanzen um ein bis zwei Wochen. Es regnet häufiger. Weiter oben dann fallen die Niederschläge als Schnee, ganz oben bleibt der Schnee immer liegen. Die Vegetation nimmt praktisch stockwerkartig ab. Diese einzelnen "Stockwerke" sind die Vegetationsstufen, die wir auch auf dem Weg von hier zum Nordpol antreffen würden: Bis 500 Meter in die Höhe ist die Vegetation bunt und gemischt, Wiese, Blumen, Nutzflächen. Von 500 bis 1400 Meter wächst Bergwald: Buchen, Ulmen, Ahornbäume, Tannen, Eiben. Bei 1900 Meter fängt der subalpine Nadelwald an. Diese Region der Alpen bleibt nur noch vier bis fünf Monate schneefrei. Der Boden ist noch mit Büschen und Kräutern bedeckt. Weiter oben geht der Nadelwald dann in Latschen- und Buschbewachsung über, dann nur noch niedere Flechten, schließlich kahler Fels und Eis.

Im Reich des Steinadlers

Wie der Alpensalamander, so haben auch andere Tiere gelernt, mit den Anforderungen ihres unwirtlichen Lebensraumes fertig zu werden. Lange, schneereiche Winter machen ihnen weniger aus, als der Eingriff des Menschen in ihr Reich. Als nach dem ersten Weltkrieg jeder sein Gewehr mit nach Hause nahm, dezimierte sich der Wildbestand der Alpen dramatisch. Das traf besonders für den Adler zu, den die Menschen als Nahrungskonkurrenten betrachteten. Heute gibt es in den bayrischen Alpen noch etwa fünfzehn Paare. So ein Steinadler zieht jedes Jahr höchstens zwei Junge auf. Er baut sein Nest, seinen Horst, immer in einer Steilwand im Bereich des Gebirgswaldes. Nisten sich am Fuß dieser Steilwand Campingfreunde ein und machen Musik oder jodeln ihre Naturbegeisterung heraus, dann fühlt sich der Adler gestört und kommt nicht mehr zurück zum Nest. Eier oder Jungtiere sterben.

Ich suchte zwei Jahre lang nach einem geeigneten Nest für meine "Expeditionen ins Tierreich". Ich fand eines im Gebiet des Brenners. Gegenüber einer Steilwand mit dem Adlerhorst gab es eine große Wettertanne, in der ich meinen Ansitz baute. Keine einfache Sache, denn wir mußten Zentner von Bauteilen, Objektiven, Filmrollen. Tonbandgeräten mit allem Zubehör und die schwere 35-mm-Filmkamera hoch in den Baum hieven.

Zwei Junge saßen im Horst. Sie reckten die Hälse nach ihren Eltern und vor allem nach Futter. Vater Steinadler brachte einen Schneehasen, den Mutter Adler in kleinen Stücken liebevoll an ihre Kinder verfütterte. Als die kleinen Adler größer wurden, wollte ich unbedingt aus der Nähe filmen, wie ein Kollege sie beringte. Mit Hilfe der Bergwacht wurde ich an einem Seil über den Felsen ins Nest hinabgelassen - ein kitzliges Gefühl. Das Gewicht des Rucksacks, in dem meine Filmausrüstung steckte, drückte mir die Seile ins Fleisch.

Das Adlernest war ein festgefügter Reisigbau, groß genug, damit zwei Mann bequem Platz fanden. Ich landete - und die jungen Adler duckten

Foto oben
Im Winter ist der Tisch für den Steinadler oft reich gedeckt: Die Unbilden des Winters bewirken eine Auslese. Vor allem altersschwache Tiere kommen ums Leben.

Foto rechts
Der majestätische Steinadler lebte einst von der Küste bis zu den Alpen auch in den weiten Wäldern der Ebene. Die letzten Rückzugsgebiete, wo sich der Bestand durch Abschußverbot und Schutz der Horste halten konnte. Falls der Brutplatz nicht gestört wird, bleibt ihm das Adlerpaar jahrelang verbunden.

Der Bartgeier, dieser wohl schönste Geier der Erde, wurde bereits Ende des 19. Jahrhunderts in den Alpen ausgerottet. Es wurde behauptet, daß er jeden, der zu seinem Horst aufstieg, angriff, mit Schnabelhieben verletze und mit Kot bespritze. Märchen, die auch dem Steinadler angedichtet wurden. Man wußte schon damals, daß der Bartgeier in erster Linie von Knochen gestürzter Gemsen und Schafe lebt, die er aus großer Höhe auf Felsplatten fallen läßt, um sie zum Verzehr zu zerstückeln. Prof. Psenner, der Begründer des Alpenzoos in Innsbruck, glückte es, Jahr für Jahr Bartgeier zu züchten. Da zwei Eier gelegt werden, die beiden Jungen aber wegen Rivalität einander bekämpfen, haben wir eines der Jungen separat mit der Hand aufgezogen.

Die Balz des gänsegroßen Auerhahns bietet ein besonders eindrucksvolles Naturschauspiel. Im Gegensatz zum Birkwild, das eine regelrechte Gesellschaftsbalz veranstaltet, bei dem sich viele Männchen auf dem gemeinsamen Balzplatz um die Gunst der Weibchen bemühen, vollführt der Auerhahn eine Einzelbalz, bei der es aber auch zu heftigen Rivalenkämpfen kommen kann. Der Bestand des Auerwildes ist bei uns rückläufig, auch in den letzten großen Refugien im Schwarzwald, im Bayerischen Wald und in den Bergwäldern der Alpen. Heute erzielt man sehr gute Ergebnisse mit der Artvermehrung durch Volierenzucht. Leider bringt das Ansiedeln dieser Vögel in Waldrevieren nicht die erhofften Ergebnisse.

Das nur taubengroße Haselhuhn, unser kleinstes Waldhuhn, ist recht unbekannt, obwohl es noch alle größeren Wälder Mitteleuropas bewohnt. Das liegt an seiner heimlichen Lebensweise im Unterholz der Mischwälder. Hinzu kommt, daß das Haselhuhn keine so auffallende Balz veranstaltet, wie die größeren Hühnervögel des Waldes.

In unseren Bergwäldern, Hunsrück, Eifel und Harz lebt eine Unterart der Wildkatze, die Mitteleuropäische Waldkatze. Sie ist größer und schwerer als die Hauskatze. Das Männchen, der Kuder, erreicht ein Gewicht von 18 kg. Waldkatzen kreuzen sich oft mit Hauskatzen. Ein gutes Kennzeichen für die Wild-Katze ist der Schwanz. Er ist kurz, dick, deutlich geringelt und am Ende abgestutzt. Waldkatzen leben vor allem von Kleinsäugern, Vögeln und Großinsekten. Sie stehen unter Naturschutz. Naturschützer bemühen sich zur Zeit darum, sie in Waldungen, aus denen sie einst verdrängt wurden, weider anzusiedeln.

sich tief ins Reisig. Schon schwebte der Kollege ein und streifte beiden Jungtieren einen Ring über. Ihr Lebensweg sollte verfolgt und beobachtet werden. Von Seiten der Natur-schutzvereine und vor allem vom WWF wird alles getan, um den Bestand dieser herrlichen Adler in den Alpen zu sichern.

Die Rückkehr des Bartgeiers

Dieser schönste aller Geier war früher weit verbreitet. Doch die Menschen warfen ihm böse Dinge vor: er klaue Haustiere und Kleinkinder. Und sie rotteten ihn aus. Dabei ist er für den Naturhaushalt wichtig: Er ist der Geshundheitspolizist der Alpen. Frißt, was andere liegenlassen: Aas, vor allem Knochen.

Der WWF und die Frankfurter Zoologische Gesellschaft bemühen sich in Zusammenarbeit mit Zoologischen Gärten und anderen Naturschutzorganisationen um die Wiedereinbürgerung der Bartgeier in den Alpen. Jungtiere, in Zoos gezüchtet, werden ausgewildert. Das ist ein langwieriger, mühsamer Prozeß, da die Vögel erst mit 8 Jahren geschlechtsreif werden.

34 Jungtiere konnten schon in die Wildnis entlassen werden und man hofft, daß sie sich ansiedeln und vermehren werden. Ein Paar hat sich bereits einen Horstplatz an einer Felsenwand ausgesucht und fängt mit den Balzflügen an. Bisher konnte man sie im Rauriß in Hoch-Savoyen, im Engadin und im Krumtal, einem Seitental des Rauristales in Österreich auswildern. Ich bin ganz sicher, daß diese schönen Vögel bald wieder in den Alpen heimisch werden.

Meister der Anpassung

An einigen Stellen unserer Hochalpen haben wir immer noch Eiszeit. Gletscher, ewiger Schnee! Und dort können wir was ganz Tolles beobachten: dort leben Tiere, die eigentlich in die Arktis gehören. Relikte der Eiszeit: der Schneehase, das Schneehuhn, der Schneefink - und auch der Mornellregenpfeifer, ein ganz seltener Vogel.

Doch das aufregendste der Anpassung an die Kampfzone der Alpen ist der Alpensalamander. Während die Molche ihre Eier in Blätter falten oder ihre Larven wie der Riesensalamander in Tümpeln ablegen, trägt der schwarze Kerl seine Jungen voll aus. Sie werden schon ziemlich groß geboren und können sich sofort selbst versorgen. Von den vielen heranreifenden Eiern werden immer nur zwei befruchtet, die anderen gehen perdu... Das Tolle am Alpensalamander ist, daß er die Jungen so lange im Mutterleib behält, bis ihm ein warmer Regen oder eine günstige Witterung suggeriert: Jetzt kannst Du die Kleinen rauslassen! In diesen Höhen, in rund 2000 Meter über dem Meeresspiegel, kann das bedeuten, daß die lebendigen Jungen Salamander ein, zwei Jahre oder länger im Mutterleib zubringen. Damit hat der schwarze Bursche die längste "Tragezeit" aller Tiere. Selbst der Elefant mit seinen 22 Monaten schafft das nicht.

Mich hat das so fasziniert, daß ich wochenlang auf der Lauer lag, viele der schwarzen Kerlchen mit warmem Wasser begossen habe, nur um eine Geburt filmen zu können. Und siehe da - ich schaffte es. Und der schlüpfende Jung-Salamander tat für mich ein übriges: noch halb im Leib seiner Mutter steckend, schnappte er bereits nach einem Regenwurm!

Im Reich der Murmeltiere

Wer heute am Rand von Almflächen und auf den Matten über der Baumgrenze das gellende Pfeifen der Murmeltiere hört, kann sicher kaum glauben, daß diese putzigen "Wichtelmännchen der Berge" erst im 19. Jahrhundert eingebürgert wurden. Sie wurden früher stark bejagt, weil man aus ihrem Fett Naturheilmittel herstellte: Salben gegen Rheuma, Gicht und Frostbeulen, sogar gegen Brust- und Lungenleiden.

Heute stehen sie unter Schutz und sind wieder weit verbreitet. Sie haben sich auch an den Tourismus gewöhnt. Als ich einen Fernseh-Film über sie drehte, kam ich auf einer Bergstraße um einen Felsen herum und sah, wie Touristen männchen-machende Murmeltiere fütterten. Eins der Tierchen

zupfte mich am Hosenbein und machte mit den Pfötchen "Bitte-Bitte!". "Sind sie nicht schrecklich komisch?" fragte mich eine Frau mit salzigen Erdnüssen in der Hand. Ich fand's nur schrecklich. Das gleiche passierte mir am Großglockner. Von einem Restaurant aus warfen Touristen Salzstangen, Popcorn, Schokolade und Kekse den Hang hinunter, auf dem sich eine Menge Murmeltiere darum balgte. Kürzlich kam ich wieder dorthin. Was ich erfuhr, hat mich nicht erfreut: Alle Murmeltiere aus dieser Gegend wären an Herzverfettung eingegangen.

Doch tiefer in den Bergen ist die Murmeltier-Welt noch in Ordnung. Da

Der Schneehase lebt von der Waldgrenze bis hinauf zur Gletscherregion. Wie das Hermelin und das Schneehuhn wechselt er in jedem Herbst sein Kleid. Während er im Sommer die bräunliche Haardecke, die dem Feldhasen so ähnlich ist, trägt, hat er im Winter ein weißes "Schneehemd", mit Ausnahme der schwarzen Ohrspitzen.

Für jeden Touristen ist es ein Erlebnis, die teilweise überraschend vertrauten Murmeltiere, diese possierlichen Kobolde des Gebirges verblüffend vertraut aus nächster Nähe beobachten zu können. Leider geschieht das meistens an Rastplätzen, wo die Tiere hemmungslos gefüttert werden. So wie heute in jedem gut geleiteten Zoo das Füttern von Wildtieren verboten ist, so sollte es auch im Gebirge, im Reich der Wichtelmännchen sein. Durch das Füttern der vielen Touristen werden die Tiere zu Bettlern, die kaum noch noch herumlaufen, um ihre bekömmlichen Alpenpflanzen zu ernten, sondern sich durch Popkorn und Schokolade mästen lassen, was ihre Lebenserwartung sicher arg beeinträchtigt.

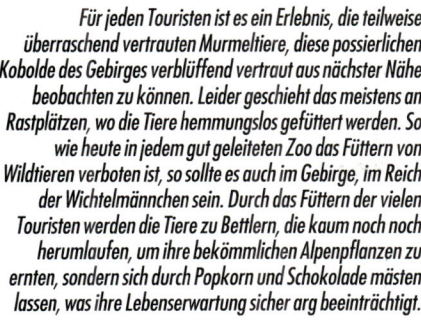

Foto rechts unten
Der pechschwarze Alpensalamander kann nur bei strömendem Regen beobachtet werden. Häufig ist er erst ab 1500 m und lebt bis zu Höhen von 2500 m. Längere Trockenzeiten verbringen sie im Schutz von lockerem Moos und unter Baumwurzeln.

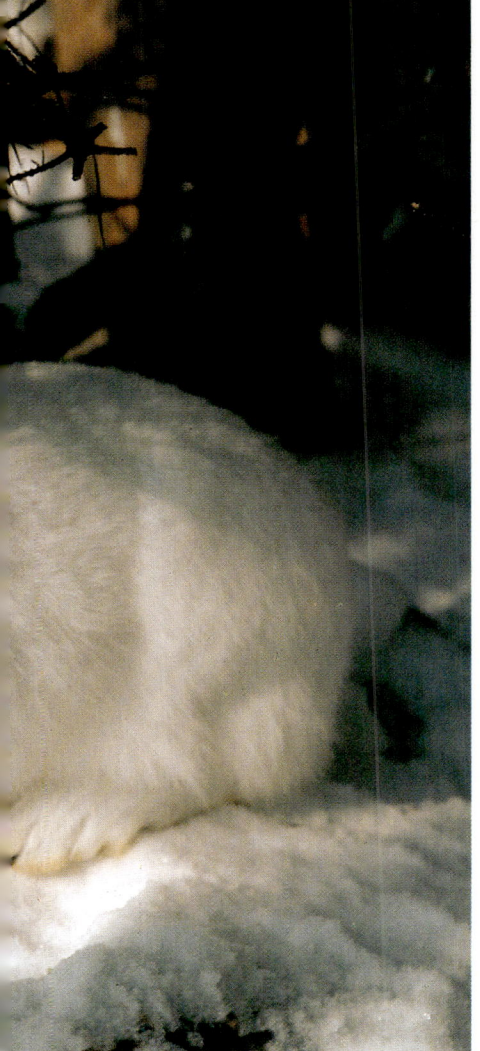

können die Bergkobolde noch spielen und sich umherkugeln. Murmel sind richtig verspielte Wesen. Sie rollen den Hang hinunter, hoppeln wieder nach oben, um erneut zu kugeln. Sie spielen Fangen oder boxen miteinander. Dabei sind sie aber immer wachsam. Ein fremder Laut - ein Pfiff des alten Murmelbären - und alle verschwinden wie am Faden gezogen in die Löcher.

Mit Beginn der kalten Jahreszeit ziehen sie sich in ihre Wohnkessel zurück, die sie im Sommer mit weichem Heu ausgepolstert haben und in denen sie sechs Monate lang schlafen. Zwei Kilo Körperfett verbrauchen sie in dieser Zeit.

Mitte Mai ist die Zeit, sich den Gemsen zu widmen. Denn da bringen sie ihre Kitze zur Welt. Wochen und Wochen bin ich einem Gamsrudel hinterhergelaufen.

Gemsen sind gesellige Tiere, die gern im Rudel leben. Allerdings nur die Damen und die Jungtiere. Die Gamsböcke vereinigen sich nur in der Brunftzeit mit den Geißen. Sonst leben sie lieber allein.

Längst hatte ich den Wald hinter mir gelassen, als ich endlich auf ein Rudel stieß. Voraus die Leitgams, dahinter ihr Fußvolk, das ihr wirklich blindlings folgte. Ich hatte zwei trächtige Geißen im Glas, die eines Tages hinter den Felsen verschwanden. Auch andere Gamsmütter trennten sich vom Rudel. Erst drei Tage später kamen sie wieder zum Vorschein. Jedes führte ein Kitz, das schon vergnügt hinter der Mutter herhüpfte, und sich am ihr Euter hängte.

Nach und nach kamen sie alle aus den Verstecken zum Rudel zurück. Langsam und vorsichtig machten sie sich auf in die höheren Regionen, zu Schnee und Eis. Ich hinterher. Was ich da erlebte, war alle geschwollenen Füße wert: Tränen habe ich gelacht über diese Viecher. Die Gemsen sind so voller Lebensfreude, daß sie übermütig tanzen. Dazu drehen sie sich im Kreis, springen in der Drehung in die Höhe und plumpsen auf den Hintern. Gleich stehen sie wieder auf, um weiter zu tanzen. Eine andere Gruppe übt sich im Schlittenfahren. Sie lassen sich auf den Bauch nieder, strecken die Vorderläufe aus, winkeln die Hinterbeine an und schliddern den eisigen Gletscher hinab. Unten überkugeln sie sich beim Abbremsen, klettern eiligst

wieder nach oben - und los geht die wilde Jagd von neuem. Herrlich.

Da oben traf ich auch auf Steinbökke, die "Könige des Hochgebirges". Sie waren Anfang des 18. Jahrhunderts schon ausgestorben - bis auf eine ganz kleine Gruppe von Tieren im Gebiet des Gran Paradiso. Kein Wunder: wenn der Steinbock flüchtet, rennt er nur eine kurze Strecke aus der Gefahrenzone, dann bleibt er einfach stehen. Und läßt sich abschießen. Die Menschen jagten ihn als "lebende Apotheke". Alles an ihm wurde zu Heilzwecken verwendet.

Für meine "Expeditionen" ging ich wieder ins Gran Paradiso, diesen italienischen Nationalpark in den Grajischen Alpen. Wieder hatte ich eine anstrengende Bergtour hinter mich gebracht. Die Almhütte in 2600 Metern lag längst hinter mir, als ich in der Gletscherregion einer Steinbock-Herde begegnete. Die Leitgeiß merkte sofort auf, als ich mich vorsichtig näherschlich. Aber ich war leise - lange Erfahrung und langes Training - und sie äste friedlich weiter. Die Jungtiere grasten sorglos, stießen ihre Köpfe spielerisch gegeneinander, sprangen im Spiel hintereinander her. In der Ferne äste ein Bockrudel. Auch sie besuchten die Weiberherde nur zur Brunftzeit.

Ich kam bis auf dreißig Meter heran. So plump diese Tiere auch aussehen, sie sind Weltmeister im Klettern, flink und leichtfüßig. Sie springen von kleinsten Plattformen ab und landen nach einem hohen Flug über den tiefen Abgrund sicher und fest auf dem nächsten Felsvorsprung.

Steinböcke haben sich wieder gut erholt. Heute schätzt man ihren Bestand auf insgesamt 120 000 Stück in 120 Kolonien der Alpen. Der Steinbock ist ein gutes Beispiel dafür, daß es dem Menschen möglich ist, durch eine gezielte, auf die jeweiligen lokalen und regionalen Bedingungen abgestimmte Naturschutzarbeit, fast ausgerottete Tierarten zu retten - vorausgesetzt, es gibt noch ausreichend große intakte Lebensräume.

Oft werden Gemsen als die Antilopen der Berge bezeichnet, das ist ebenso falsch wie die Ansicht, daß sie mit den Ziegen verwandt sind. Das trifft nur für den Steinbock zu, der mit unseren Hausziegen sogar Mischlinge zeugen kann. Heute wissen wir, daß zu den Gemsenverwandten asiatische Arten des Himalaya, der Serau, der Goral und der Takim sowie die weiße Schneeziege der Rocky Mountains gehören.

SIELMANN 2000

Die große Video-Serie

Das Lebenswerk von Heinz Sielmann als Video-Serie.

Die große Video-Serie **„Sielmann 2000"** ist der unbestrittene Höhepunkt im Schaffen des weltbekannten Dokumentarfilmers, der seit fast 35 Jahren auf Kamera-Pirsch geht und Millionen von Zuschauern begeistert.

In aller Welt mit der Kamera unterwegs.

Heinz Sielmann ist an Orte zurückgekehrt, die er bereits vor Jahrzehnten gefilmt hat. Dabei entstand eine einmalige Chronik über die Schicksale der großartigen Naturlandschaften der Erde. Afrika, Australien, Amerika, Europa – der engagierte Naturschützer ist auf allen Kontinenten zu Hause. Seine Arbeit führte ihn in die Nebelwälder Zentralafrikas, auf die Galapagos-Inseln, an die Quellen des Amazonas, aber auch nach Mitteleuropa, wo das Waldsterben und die Bedrohung des Wattenmeeres unsere Lebensqualität unmittelbar gefährden.

Die letzten Paradiese hautnah erleben.

„Sielmann 2000" stellt die letzten Paradiese unseres Planeten vor – entlegene Gebiete, deren scheinbar ewige Unberührtheit vom Menschen bedroht ist und die es zu schützen gilt.

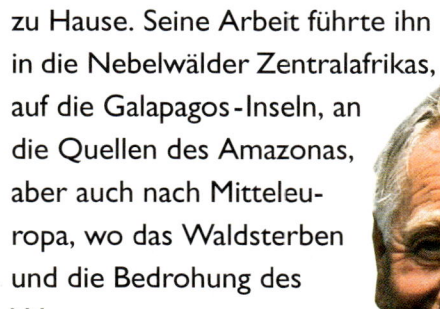

Bestell-Nr.	Folge	Untertitel	lieferbar ab	
49951 2	Folge 1	Afrika - Die Nebelwälder Zentralafrikas	Oktober	1991
49952 2	Folge 2	Afrika - Das Rift Valley	Oktober	1991
49953 2	Folge 3	Galapagos - Die Arche im Pazifik	November	1991
49954 2	Folge 4	Südamerika - Wildnis am Äquator	Dezember	1991
49955 2	Folge 5	Nordamerika - Letzte Wildnisse Kanadas	Januar	1992
49956 2	Folge 6	Nordamerika - An den Küsten des Eismeeres	Februar	1992
49957 2	Folge 7	Europa - Die Brücken des Vogelzuges	März	1992
49958 2	Folge 8	Europa - Das Hochland - Die Alpen	April	1992
49959 2	Folge 9	Australien - Die Buschwildnis Australiens	Mai	1992
49960 2	Folge 10	Papua Neuguinea - Unentdecktes Paradies	September	1992
49961 2	Folge 11	Europa - Aus Wald und Flur	Oktober	1992
49962 2	Folge 12	Ozeanien - Meere, Inseln, Riffe	November	1992
49963 2	Folge 13	Planet Erde - Die Zukunft der Wildnis	Dezember	1992

nd der Original-Soundtrack

Der Original-Soundtrack auf CD, MC und LP.

Heinz Sielmann wünschte sich als Soundtrack zu seinem Lebenswerk eine Musik, die Dramaturgie und Intention der einzelnen Folgen wirksam unterstützt. Dabei sollte jedoch die Musik ihren besonderen Charakter nicht verlieren.

Traumhafte Klangwelten von Cusco.

Zusammen mit der bekannten Instrumental-Formation **CUSCO** entstand so eine faszinierende Klangwelt, die auf einzigartige Weise die Video-Serie „**Sielmann 2000**" untermalt. Produzent Michael Holm und Komponist Kristian Schultze, die Initiatoren von **CUSCO**, schufen für „**Sielmann 2000**" in Zusammenarbeit mit den Münchner Symphonikern und dem Gitarrenvirtuosen Johan Daansen eine Fülle paradiesischer Klänge, die vor dem inneren Auge des Hörers Bilder voller Raum und Weite öffnen – eine harmonische Verbindung aus Rhythmus und Melodie.

Entdecken Sie die faszinierende Welt von „Sielmann 2000".

Die große Video-Serie und der Original-Soundtrack von „Sielmann 2000" sind im Fachhandel erhältlich. Freuen Sie sich auf die großartigen Naturlandschaften unseres Planeten.

WWF

Ausblick

Natur- und Umwelt-schutz bis zum Jahr 2000 und die Rolle des WWF - weltweit, in Europa und in Deutschland

Für das neue Jahrtausend werden die Weichen jetzt gestellt. Von den Erfolgen und von den Mißerfolgen im Natur- und Umweltschutz der 90er Jahre wird es abhängen, ob die Menschheit im Jahre 2000 hoffnungsvoller in die Zukunft blicken kann als in der Gegenwart, in der zwar in noch nie dagewesenem Umfang die Friedensbemühungen zwischen den Nationen vorankommen, aber in der auch für rund ein fünftel der Menschheit die Überlebensaussichten schlechter denn je geworden sind.

Natur- und Umweltschutz sind kein Luxus, den sich nur die reichen Völker leisten können, sondern Überlebensstrategien für Menschen und für die Natur schlechthin. Die Erhaltung und die Verbesserung der Lebensgrundlagen für Menschen, Tiere und Pflanzen in ihrer ganzen Vielfalt stellen eine Herausforderung dar, die noch weitaus größer sein kann als die Sicherung des Friedens, weil sie die langfristige Tragfähigkeit des "Raumschiffes Erde" und das Fortbestehen des Lebens beinhalten. Für den WWF allein wäre dies eine zu große, eine nicht zu bewältigende Aufgabe. Viele Menschen, letztendlich alle Menschen müssen daran mitwirken und sich ihrer Verantwortung dem Lebendigen gegenüber bewußt werden. Jeder ist gerufen, jeder kann und muß mitwirken!

Diese Mitwirkung beginnt beim eigenen, persönlichen Einsatz für eine bessere Umwelt und eine lebenswerte Natur. Millionen kleiner Beiträge summieren sich zu millionenfachen Wirkungen und Leistungen. Der WWF gibt Anregungen und Vorbilder, er setzt Schwerpunkte und beweißt, daß es noch nicht zu spät ist. Vieles kann und muß bis zur Jahrtausendwende im eigenen Land verbessert werden. Wir brauchen wieder sauberes Trinkwasser und gesunde, leistungsfähige Böden. Also muß endlich der Kurswechsel in der Agrarpolitik vollzogen werden, denn übermäßiger Einsatz von

Düngemitteln und Bioziden sind die Hauptgründe für den Artenschwund in Mitteleuropa. Die Nährstoffüberfrachtung unserer Gewässer, die Eutrophierung, muß rückgängig gemacht werden. Die Möglichkeiten und Mittel dazu sind vorhanden. Es kommt darauf an, sie einzusetzen.

Gleichzeitig muß der Druck von den Naturschutzgebieten genommen werden, damit sie endlich zu dem werden können, was sie sein sollten: Erholungsgebiete für die bedrängte Natur. Nur ein Prozent der Landesfläche nehmen sie gegenwärtig in den alten Ländern der Bundesrepublik ein; zu wenig, um auch bei bestem Schutz Artenvielfalt zu sichern! Die meisten Schutzgebiete sind zu klein und sie liegen zu isoliert in der Landschaft. Sie brauchen Vernetzung und vielfach auch gezielte Pflege.

Eine große Chance bieten Schutzgebiete im Osten. Dort konnten noch Tierarten überleben, die im Westen bereits hochgradig bedroht oder verschwunden sind. Das Zusammenwachsen Deutschlands und die offene Zusammenarbeit mit den Nachbarn müssen genutzt werden, um das Naturpotential zu erhalten und es nicht auf das Restniveau herabsinken zu lassen, das der Westen Europas nur noch zu bieten hat. Eine vordringliche Aufgabe des WWF wird darin bestehen, die Sicherung des Artenbestandes voranzutreiben und nachhaltig zu verbessern.

Der Erfolg wird sich nur einstellen, wenn wir den Naturschutz über Deutschland hinaus in ganz Europa vorantreiben können. Denn viele der in Deutschland gefährdeten Arten stellen nur Randpopulationen dar und das Überleben der Arten wird nicht hier, sondern in den Zentren ihrer Verbreitungsgebiete entschieden werden. Dazu muß - und wird - sich der WWF mit großem Nachdruck einsetzen. Dies gilt genauso für den Schutz gefährdeter Lebensräume, wie Hochmoore, Flußauen, Natursteppen. Es wird viele Millionen kosten, solche Lebensräume in ausreichenden Größen zu erhalten, aber wiederum darf und wird das Bemühen nicht an den Finanzierungsproblemen scheitern, denn diese Aufwendungen sind Investitionen in unsere Zukunft.

Die größten Probleme im Bereich des Naturschutzes stehen dort an, wo

die Menschen ums Überleben ringen. Die Abholzung der tropischen Regenwälder wird, wenn sie bis zur Jahrtausendwende nicht stark abgebremst werden kann, in einem noch nie dagewesenen Ausmaß Arten vernichten: Millionen und Abermillionen werden es sein, die für immer von der Erde verschwinden.

Die Erhaltung der tropischen Artenvielfalt und der zugehörigen Lebensräume wird deshalb auch zu Beginn des neuen Jahrtausends zum Dreh- und Angelpunkt im internationalen, globalen Natur- und Umweltschutz werden. In den Regenwäldern muß die immer noch unabsehbare Artenfülle gesichert werden, in den tropischen Savannen und Steppen geht es um die Vielfalt der Großtiere, im Meer um Wale und Korallenriffe, an den Rändern von Arktis und Antarktis um das hochproduktive Leben in den Kälteregionen. Die "Dritte Welt" wird mit Sicherheit nicht in der Lage sein, von sich aus zu einem tragbaren Verhältnis zwischen menschlichen Ansprüchen und der Leistungsfähigkeit der Natur zu kommen, wenn ihre Schuldenlasten und Verpflichtungen steigen, aber von den hochentwickelten Ländern keine wirklichen Lösungen der Schwierigkeiten geboten werden. Der WWF wird keine Weltuntergangsstimmung verbreiten aber auch nicht bloß Mahner sein. Die internationale WWF-Familie hat bewiesen, daß es eine gute Entwicklung im Einklang mit der Natur geben kann, die menschenwürdiges Leben möglich macht, wo gegenwärtig noch Hunger und Elend herrschen.

Der WWF blickt - allen Schwierigkeiten zum Trotz - hoffnungsvoll in die Zukunft.

Es kommt dabei aber auf die Hilfe aller an!

Auskünfte und Informationsmaterialien über die Arbeit des WWF und Unterlagen für die Mitgliedschaft erhalten Sie bei der

**Umweltstiftung
WWF-Deutschland**
Hedderichstraße 110
W-6000 Frankfurt a.M. 70
Telefon 069 / 60 50 03-0